안경잡이 전봇대

― 김진악 수필선

현대수필가100인선 II · 1

수필과비평사 · 좋은수필사

안경잡이 전봇대

— 김진학 수필선

책머리에

　수필은 누구나 부담 없이 읽고, 마음만 먹으면 직접 쓸 수도 있는 가장 친근한 문학이다. 다른 영역의 문학이 영상매체에 밀려 신음하고 있는 중에도 수필 인구만은 날로 증가하여 바야흐로 수필 전성시대를 구가하고 있는 이유도 거기에 있을 것이다.
　시대적 추세에 힘입어 수많은 수필전문지, 수필동인지가 창간되고, 이에 비례하여 신진 수필가도 날로 늘어나다 보니 이제는 그 많은 작가, 그 많은 작품 중에서 문학성 높은 작품을 가려 읽는 일이 쉽지 않게 되었다. 이런 현상은 작가에게나 독자에게나 결코 바람직한 일이 아니다. 더 나아가서는 수필을 연구하는 후세들에게도 큰 부담이 될 것이다.
　이런 문제를 해결하는 데는 출판인도 마땅히 한몫을 감당해야 한다는 평소의 소신에 따라, 본사가 기꺼이 그 역할을 맡기로 했다. 그 첫 번째 사업으로 시대를 대표할 만한 수필가 100인을 선정하고, 작가가 자선한 40편 내외의 작품을 수록한 문고본을 발간하여 이를 널리 보급함으로써 그 소임을 다하고자 한다.
　본사는 사명감을 가지고 이 사업을 추진해 나가기로 했다. 작가 선정을 전담할 편집위원회를 구성하고 전권을 위임하여 일체의 사적인 친소나 청탁을 배제함으로써 전문성과 공정성을 확보해 나갈 것이다.
　따라서 이 기획물 속에는 작가의 문학정신뿐만 아니라, 본사의 문학사적 기여 의지와 편집위원 제위의 수필문학에 대한 애정과 문인으로서의 양심이 함께 담겨 있음을 자부한다. 다만, 작가를 선정하는 기준에는 많은 견해의 차이가 있을 수 있고, 선정 과정에서도 미처 챙기지 못한 부분이 있을 것이라는 사실만은 인정하지 않을 수 없다. 이 점에 대해서는 관계자 여러분의 양해 있으시기 바란다.
 이 시리즈의 발간 순서는 작가, 또는 본사의 사정에 의한 것일 뿐 그밖의 어떤 기준도 적용하지 않았음을 밝힌다.
 본 기획물이 시대를 초월한 많은 수필 애호가들의 관심과 애정 속에 우리나라 수필문학 발전에 한 이정표가 되기를 바랄 뿐이다.
 본사에서는 이상과 같은 취지로 《현대수필가 100인선》전 100권을 완간하여 큰 반향을 불러일으킨 바 있다.
 그러나 우리 수필문단의 규모나 수필문학의 수준에 비추어 선정 작가를 100인으로 한정하는 것은 형평성이나 효율성 면에서 크게 부족하다는 의견이 많았고, 본사 또한 이를 통감하던 터라 기꺼이 《현대수필가 100인선 Ⅱ》를 발간하기로 했다.
 본사의 충정에 찬동하여 출판에 응해주신 저자 여러분께 진심으로 감사한다.

2014년 12월
수필과비평 · 좋은수필 발행인 서정환
현대수필가 100인선 간행 편집위원 박재식 최병호
                              정진권 강호형
                              오세윤

책머리에 — **04**

1
국수 한 그릇

국수 한 그릇 — **12**
안경잡이 전봇대 — **14**
소년의 작죄 — **16**
딸 자랑 — **19**
안사람 이야기 — **23**
예쁜 여대생 — **28**
어떤 시인 선생님 — **31**
하석 서백 — **35**
이 풍진 세상을 살자니 — **37**
할아버지의 할아버지 — **42**
우등버스에서 생긴 일 — **45**
전라 정읍 칠보 시산 — **49**
주례 서던 날 — **55**
장서지변 — **58**

2
매 맞는 어른

매 맞는 어른 ― **64**
위대한 한국인 ― **66**
권투선수의 교훈 ― **69**
소피 마르소 ― **72**
정말 같은 것 같은 세상 ― **74**
빨리빨리의 허와 실 ― **78**
대서양약국과 우동집 ― **82**
담바구타령 ― **87**
영장과 견공 ― **93**
오야꼬돔부리 ― **98**
일본 유무론 ― **101**
공은 둥근 고로 존재한다 ― **106**

3
노란 암캐같이 미우랴

노란 암캐같이 미우랴 — **116**
내 아니 이를까 보냐 — **118**
떳떳 상 평할 평 — **121**
옥을 옥이라 하길래 — **123**
당우를 어제 본 듯 — **127**
미욱한 시골 총각 — **131**
너 죽고 내가 죽고 — **135**
술 있고 안주 없거들랑 — **139**
불이목의 사연 — **143**

4
죽장 짚고 유람할 제

죽장 짚고 유람할 제 — **148**
여편네 팔아먹는 계약서라 — **155**
말을 빼앗긴 만담꾼이라 — **161**
쇠오줌 말똥도 삼인칭이니라 — **169**
소성 코메디 황제유사 — **177**

작가 연보 — **183**

국수 한 그릇

1

국수 한 그릇
안경잡이 전봇대
소년의 작죄
딸 자랑
안사람 이야기
예쁜 여대생
어떤 시인 선생님
하석 서백
이 풍진 세상을 살자니
할아버지의 할아버지
우등버스에서 생긴 일
전라 정읍 칠보 시산
주례 서던 날
장서지변

국수 한 그릇

우리 마을 앞 언덕배기에 초가 한 채가 따로 있었다. 대문도 없는 집이었다.

광복 다음 해 봄, 그 지붕에 난데없이 대나무로 만든 십자가가 꽂혔다. 가끔 그 집 울타리를 새어나오는 노랫소리가 온 마을에 안개처럼 울려 퍼졌다. 교인이라야 부인네 예닐곱, 초등학생 대여섯이 되었다.

대처에서 집사 노릇을 하던 분이 귀향하여 있다가, 자기 집 마루에 차린 예배당이었다. 집사님은 키가 작고 검은 테 안경에 중절모를 쓰고 흰 두루마기를 늘 입었다. 상해에서 귀국한 김구金九 선생과 닮았다.

그해 여름, 나도 꼬마 예수쟁이가 되었다. 난생처음 찬송가를 부르고 기도를 드리고 목사님 말씀도 들었다. 반백 년이 더 지난 옛일, 이제는 그 초가 예배당의 기억이 아슬하고 집사님 얼굴도 감감하나, 오직 한 그릇 국수를 얻어먹은 일만은 잊혀지지 않는다.

내가 교인이 된 지 이틀 만에 친구의 할머니가 세상을 떠났다. 초상집에 교인들이 모두 모였다. 마당에 차일을 치고 멍석이 깔려 있고 몇 개의 밥상이 놓여 있었다. 신자들은 모두 거기에 맞대 앉았다. 임종 예배를 마치자, 이내 국수 사발이 나왔다.

그때 국수 한 그릇은 대단한 먹거리였다. 교회에 다닌 애들은 어른 틈에 끼어 앉아서 국수를 행복하게 먹고 있는데, 우리를 예수쟁이라고 놀리던 친구들은 우리 주위에 서서 손가락을 빨고 있었다. 하나님의 사랑은 끝이 없다. 엊그저께 교인이 된 나는 은혜가 충만한 문상객의 자격이 있었다.

밥상머리에서 침을 흘리고 있던 옛 친구들을 생각하면, 나는 요새도 밥을 입에 물고 웃음을 터뜨린다. 하나님도 한참 웃으셨을 것이다.

믿는 자 복이 있다는 말씀은 만고의 진리다.

〈2007〉

안경잡이 전봇대

도내 중학교 대항 배구대회가 열렸다. 나는 축구를 좋아하고 배구도 잘하여 학교 대표선수로 나섰다.

9인제 배구를 하던 때였다. 나는 맨 뒤 왼쪽을 맡았다. 요샛말로 후위 레프트였다. 억세게 날아오는 공을 잽싸게 받아 앞으로 밀어주는 몫이었다. 그런데 상대편 선수가 떡 치듯 내리꽂는 공을 받을라치면 내 어깨가 도망가는 듯하였다. 내가 받는 공은 번번이 앞쪽으로 가지 않고 옆이나 뒤로 야구공처럼 날아갔다. 뒤에서 공을 제대로 밀어주어야 앞 선수가 죽을 쑤거나 떡을 칠 텐데, 날아온 공을 내가 죽 쑤고 떡 치니 앞에서는 죽이고 떡이고 나발이고 하잘것없이 한가롭게 굿을 보고 있었다.

나를 좋아하는 여학생들이 진을 치고 응원을 하고 있는데, 이런 망신하고도 개망신이 따로 없었다. 내 얼굴은 점차 달아오르고 식은땀이 흘러내렸다. 그때였다. 상대편 응원석에서 돼지 멱따는 고함소리가 내 귀를 때렸다.

"저 안경잡이가 구멍이야, 구멍! 거기다 마구 먹여! 전봇대야, 전봇대."

사방을 둘러보니 안경 낀 선수는 나 말고는 없었다. 안경잡이는 정말 전봇대가 되었다. 발은 땅에 붙어 있고 손은 말을 듣지 않았다. 전신주나 되면 좋게, 초겨울 밭에 홀로 서 있는 수숫대가 되었다. 배구 감독 선생님이 지나가는 학생이라도 붙들어다가 내 대신 꽂아 넣어야 했었다.

바야흐로 우리 팀은 안경잡이 전봇대 구멍 때문에 첫 게임에서 낙동강 오리알처럼 떨어지고 말았다. 패잔병들은 다음날까지 여관에 묵을 까닭이 없었다. 기다리고 기다려서 오밤중에 완행열차를 탔다. 나는 차창에 기대어 친구들 몰래 눈을 가리고 한없이 울었다.

내 머리에 서리가 내린 지 오래다. 세월이 약이라는 말도 헛소리다. 나를 전봇대라고 하고 구멍이라고 야유한 고함소리가 뇌리에서 되살아나면 지금도 자다가도 벌떡 일어난다. 그야말로 내 인생 일대의 씻을 수 없는 치욕이었다. 나를 야유하고 멸시한 그 녀석은 백발을 휘날리며 전신주 옆에 구멍가게나 차려놓고 살 것이다.

〈2003〉

소년의 작죄

광복 직후라, 대통령이 없고 육군 대장도 없었다. 어린 생각에 우리 뒷집에 사는 면장님이 세상에서 가장 높은 사람인 줄 알았다. 일본 사람 교장과 주재소 소장은 달아났는데, 면장님은 그냥 면장 노릇을 하고 있어서가 아니었다. 위아래 색깔은 다르지만, 양복을 입고 구두를 신어서 그런 것도 아니었다. 새끼줄처럼 꼬인 넥타이를 매고 다녀서도 아니었다. 그 어른을 우러러본 까닭은 딴 데 있었다. 우리 마을에서 단 한 대의 자전거를 타고 다니는 분은 면장 나리뿐이었다. 면장님이 거동할 때마다 자전거의 둥근 쇠테와 흰 살이 황홀하게 번쩍거렸다.

어느 여름날 아침이었다. 면장님이 우리 학교 조례시간에 나타났다. 8·15 해방기념일이었던가. 면장님이 연단에 오르더니 일장 훈시를 시작하였다. 36년 동안이라는 말씀을 여러 번 되풀이하고, 학생들의 어깨에 조국의 미래가 달려 있다는 말씀을 반복하고 또 하였다. 얼굴이 가무잡잡하고 키가 작은 어른이 어디다 힘을 숨겨 놨는지, 그 말소리는 앞산에 부딪혀서 메아리가 되었다.

그 말씀은 학교를 끼고 흐르는 냇물보다 더 길었다. "끝으로 한마디 말하건대" 하고도 끝낼 줄을 몰랐다. "연단을 내려가면서 부탁하건대" 하고도 내려서질 않았다. 서른여섯 시간이 된 듯하였다. 햇볕은 내리쬐이고 꼬마들은 오금이 저렸다. 쓰러지는 동무도 있었다. 나는 하느님께 빌었다.

"저 양반, 제발 죽어버렸으면……."

면장 어른이 애들 점심밥을 굶겨 놓고 연설을 할 리는 없었다. 그 새를 못 참고 나는 어른도 하지 못할 생각을 품었다. 고운 마음씨는 아름다운 꽃을 피우고, 나쁜 마음씨는 사나운 일을 저지른다. 세상에 태어나서 처음으로 저지른 작죄作罪는 저주詛呪였다. 이 마음씨는 마침내 살생殺生으로 이어졌다.

두메산골 꼬맹이들은 황금 들판으로 등교하였다. 참새를 쫓는 가을방학이 있었다. 누런 볏논은 물결치는 바다보다 넓고 가을 해는 떨어질 줄을 몰랐다. 극성맞게 날아드는 새떼는 꼬마를 깔보는 듯하였다. 허수아비는 그야말로 허수아비였다. 아무리 쫓아도 새들은 겁도 없이 날아들었다. 면장님 연설을 듣기가 훨씬 쉬웠다.

하루는 나무 밑에서 쉬고 있으려니, 어린 개구리가 내 곁으로 기어오고 있었다. 개구리 새끼를 잽싸게 손에 쥐었다. 징그럽게 꼼지락거리는 개구리를 놓아주지 않고, 별난 장난을 치기 시작하였다. 사금파리를 주워서 개구리를 땅에 눕혀 놓고 배를 갈랐다. 그 녀석은 하늘에 대고 네 발을 저었다. 염통이 팔딱거렸다. 재밌고 신비로워서 도둑새들이 벼 이삭을 몽땅 빨아먹는 것도 모르고, 여러 마리를 갈랐다.

그 다음 날, 나는 새를 보러 나오면서 잘 드는 호주머니칼을 준비하였다. 날이면 날마다 새 쫓는 일은 잊어버리고 개구리를 잡아서 배때기를 가르는 일에 골몰하였다. 어제는 사금파리로 여러 번 그어야 하였는데, 이제는 한 번만 그어도 개구리 내장이 훤히 보였다. 이골이 났다. 시골 학교에 과학실험실이 있을 리 없었다. 면도칼을 들고 동물을 해부하는 실험은 상상할 수도 없었다. 아직 염상섭의 〈표본실의 청개구리〉는 읽지도 않았을 때였다. 천재는 안 배워도 아는 모양이었다. 소년 천재의 두 번째 작죄는 살생이 아니라, 장난삼아 죽이는 희살戱殺이었다.

면장님은 오래오래 살았다. 욕을 먹으면 오래 산다고 한다. 보통 욕이 아니라 어린이의 맑은 욕을 먹고 우리 면장님은 신선이 될 때까지 살았다. 나한테 참변을 당한 개구리들은 금방 죽었을 것이다. 오장육부를 드러내고 뛰어가던 개구리의 모습이 지금도 눈에 아리다. 지금껏 나는 모기 한 마리 잡지 못한다. 내 덕분에 면장님이 장수를 누렸으니, 첫 번째 작죄는 그럭저럭 속죄가 된 듯하나, 두 번째 작죄는 염라대왕이나 심판할 것이다.

〈2007〉

딸 자랑

 안사람이 첫 딸을 낳고 다음에도 언니와 닮은 애를 낳았다. 우리집은 두 딸을 두게 되었다. 딸만 둘이라는 말을 나는 쓰지 않는다. 누가 물어오면 "딸 둘만 기르지요"라고 대꾸한다.
 평생 비행기 타고 제주섬에 가고 미국 구경을 할 팔자가 되었다. 가끔 내 마음을 덧나게 하는 친구가 있다. 삼등 연락선을 타고 울릉도에 갈 사람이다. 첫 아들을 본 그 친구는 다음에는 딸을 낳겠다고 거드름을 피운다. 제가 무슨 재주로 구색을 맞추겠다고 하는 건지 알 수 없다.
 첫딸의 이름은 '보라'라고 지었다. 김보라! 눈부신 보라색 옥돌이 구른다. 어감이 곱고 뜻도 깊다. 이 여인을 보라! 순 한글로 호적에 올렸다.
 나는 딸들을 사랑하는 마음의 백의 하나만큼도 남을 돕지 않앉다. 어리석은 백성을 어여삐 여기지 않았고 그들이 하고자 하는 바를 헤아리지 못하였다. 나로 말하건대, 한평생 훈민정음을 밑천 삼아 먹고 사는 국어 접장으로서, 딸들 이름이나 한글로 지어서 세종대왕에게 바쳤다.

딸의 이름이 썩 잘 된 듯하였다. 애비의 허락도 없이 여기저기 보라아파트가 들어섰다. 거리에는 보라패션 전문점이 생겼다. 어울리지 않는 보라슬레이트를 만드는 공장이 생겼다. 게으른 부모가 애당초 특허청에 딸 이름을 올려놓지 않은 일이 한이 되었다.

이보다 더 한스럽고 섭섭한 일이 또 있었다. 갓난애를 안고 아빠가 동네 고샅에 처음으로 나왔을 때였다. 보기도 아까운 우리 딸을 마음껏 보라고 말이다. 아무래도 모를 일이었다. 딸을 보고 누구 하나 예쁘다는 사람이 없었다. 옆집 할머니 한 분이 한다는 말씀이 복스럽게 생겼다고 하였다. 복스럽다는 말은, 칭찬할 구석이 없는 아이를 두고 하는 인사치레라는 사실을 오래 후에야 알았다.

스물다섯 해 전에 동네 할머니의 관상은 맞았다. 내 딸은 복스럽게 자랐다. 곱게 컸다. 치열한 입시경쟁에서도 심지를 잘 뽑아서 명문 여고를 다니고 한강 가에 있는 대학도 나왔다. 우리집 공주는 직장에 나가거나 유학 가는 꿈은 꾸지 않았다. 요새 드문 효녀요 양반집 규수라 하겠다.

졸업하자마자 따님의 지상목표는 오직 시집가는 일이었다. 제가 골라 놓지도 않고 엄마더러 사윗감을 대령하라고 보채었다.

이 여성을 보라고 했더니, 뭇 사나이들이 보다가 눈이 부셔 다 달아난 모양이었다.

장안의 여러 베테랑 매파에게 딸을 내놓았다. 보이기도 아까운 딸이 선보기로 나서는데, 아침에 보고 점심에 만나고 저녁에 맞선을 보자니, 이런 야단이 없구나. 만나본 총각이 무릇 기하이며 만난 장소가 무릇 기하이며 후보 신랑의 직업이 무릇 기하이뇨.

어디서 전화가 오면 잠꾸러기 내 딸은 어느 녀석인지 분간할 줄 몰랐다. 복 받을 일이었다. 우리집 따님은 보는 신랑감마다 다 좋다고 하였다. 좋게 보면 착한 선녀요 흠이라면 주체성이 없었다.

장님 문고리 잡은 격으로 의사총각이 나타났다. 의사는 의사인데 '한'자가 앞에 붙는 한의사인데, 마치 우리 딸을 만나려고 세상에 나온 사나이 같았다. 키는 조금 작지만 이목구비가 반듯하였다. 보약을 들고 우리집에 찾아오기도 하였다. 장인 될 어른이 뇌물에 약하다는 소문을 들었나 보았다. 애의 에미가 물었다.

"처음에 우리 딸을 보고 어땠지요?"

"정신이 없었어요."

한약방 주인이 우리 딸을 제대로 본 듯하였다. 이 여인을 보라고 하였더니, 보는 임자 따로 있다. 보자마자 정신을 반은 놓은 모양이었다. 이성을 잃은 듯하였다.

신랑감이 제정신을 차리기 전에 예를 갖춰야 했다. 사주관상쟁이 찾을 틈이 없고 길일을 택할 겨를이 없었다. 지난겨울, 한강물 돌아가는 노량진 언덕 위의 교회에서 결혼식을 올렸다.

신부 이름처럼 보라고 안 해도 손님들은 신랑 신부를 다투어 보고, 천하일색 천정배필이라고 감탄하였다. 머리맡에 솟아 있는 63빌딩을 쳐다보는 하객은 하나도 없었다.

〈1985〉

안사람 이야기

 남들도 더러 그러기에, 어느 화사한 봄날, 집사람 칠보단장을 시켜서 부부동반 나들이를 하였다.
 장안에서도 한복판 명동 거리를 바자니는데, 유리창 속에 벌여놓은 금은보석을 구경하고, 옷가지도 들여다보는 눈요기를 할 만하였다. 청승맞게 둘이서 손을 잡고, 동서남북 기웃거리는 꼬락서니가 오래간만에 상경한 와룡선생, 바로 그 모양새였다.
 배가 출출하여 아내가 소원이던 자장면을 먹고, 리어카 목판에서 구슬 가방도 하나 골라 샀다. 가난한 남편의 호주머니가 달랑달랑하였으나, 예까지는 아무 탈이 없었다. 안사람은 좋은 남편을 두었다고 행복이 넘치는 듯하였다. 입가심으로 아내가 석 달 하고도 열흘 동안 비싸다고 비싸다고 되뇌인 커피도 마셨으니 말이다.

사건은 버스정류장에서 벌어졌다. 어쩌다가 보는 옛친구와 만났다. 서로 가벼운 악수를 나누었다. 예까지도 별일은 없었으나, 호사다마라, 그 친구 내 안사람을 보더니 한다는 소리가 뚱딴지였다.

"자네는 효잘세. 자당님을 모시고 나왔군!"

초로에 빨리도 노망한 친구와 헤어진 뒤에, 나는 아내를 위로할 일이 큰 걱정이었다. 그런데, 안사람은 한번 작게 웃고 그만이었다. 바깥양반은 안절부절못하는데 알다가도 모를 노릇이었다. 마음 쓰기로 말할작시면 남편은 남산이요, 아내는 북악산이었다.

명동 사건 이후, 이십 수 년이 지난 엊그제도 우리집 왕비를 서운하게 한 일이 또 일어났다. 우리 집에서 어부인을 왕비라고 부르는데, 이 미풍양속이 널리 퍼져서 우리 앞집에서도 안주인을 왕후로 떠받들고, 뒷집에서도 덩달아 중전마마로 대접하면 좋겠다. 온 세상 사나이들은 너나없이 왕이 되고 싶지만, 어중이떠중이 다 임금이 될 수 없으니, 저마다 부인을 왕후로 여기고 중전마마로 모셔서, 남편들은 스스로 대왕전하가 되어 환대를 받고 영화를 누리자는 것이다. 천하의 못난 남정네들에게 권할 만하다.

우리 궁정의 중전마마를 알아보지 못한 자는 동사무소 서기였다. 내가 주리틀고 있는 서재로 새어들어 오는 말소리를 듣자니, 무슨 용무로 왔다거니, 도장이 있어야 한다거니, 옥신각신하더니, 사나이 목소리가 높아졌다.

"주인 좀 보자고 해요."

몇 마디 말이 오가고 진정되는 기미가 보이는 듯하였다. 동사무소 나리가 간 뒤, 중전은 상감의 방에 대고 아뢰었다.

"날 파출부로 알았나 봐."

남편은 동서기 멱살을 잡고 싶은데, 아내는 무사태평이었다. 생불生佛이 따로 없다. 역시 바깥양반이 한강이라면, 안사람은 황해바다였다.

백두산의 정기가 내리고 황해 용왕이 점지하여 중전은 두 공주를 두었다. 후사를 염려하는 여론이 들끓었으나, 상감은 따로 여러 빈을 두지 아니하였다. 아들 딸 구별하지 말라는 국가시책을 준수하였다.

두 딸의 이름은 보라와 다원이라 지었다. 이 여인을 보라. 다 원하는 사람이 되라. 뜻이 산보다 높고 바다보다 깊다. 효녀들이 심지를 잘 뽑아서, 명문 여고를 졸업하고 서울(에 있는) 대학에 다녔으니, 귀한 아드님을 천안 삼거리로 내치고, 예쁜 따님을 제주도로 귀양보낸 부모님들에게 황송하였다.

딸들이 혼기가 다가오는데, 팔도강산에 뭇 떠꺼머리총각들이 우리 딸들을 다 원하여 다투어 보려고 몰려오기를 바라지만, 세상만사 제멋대로 될 리 있는가.

가장이 물려받은 재물이 없고, 직업이 접장이라 가세가 날로 기울어서, 궁여지책으로 집사람이 사장 노릇을 하게 되었다. 포장마차 주인도 사장행세를 하는데, 약국의 국장을 여사장이라 부른대도 누가 탓하랴. 아내가 사장이면 남편은 회장님이다. 약국 명칭을 회장이 짓고 길일을 택하여 문을 열었다. 둘째 공주의 이름을 따서 '다원약국'이라. 동네방네 사람들이 다 원하여 아침부터 저녁까지 문전성시를 이루기를 바랐다. 없이 사는 달동네 분들, 큰 병나기 빌면 천벌받을 일이고, 그저 고뿔에 걸리거나 배탈이 나거나 넘어져서 팔꿈치 까질 만큼만 다쳐서, 그때마다 우리 약방에 왔으면 하였다.

바야흐로, 다원약국 여사장, 약장사를 하는데 실로 요란하것다. 다투어 약 먹으러 오는 손님 별로 없고, 지나가던 온갖 잡새들이 방앗간 드나들 듯하는 것이었다. 시도 때도 없이 잡상인들이 들락거리는데, 들러가고 쉬어가고 물 먹고 가고 담배 태우고 한잠 자고 가니 실로 가관이었다. 이만저만해도 회장님은 여사장님을 탓하지 않았다. 약 파는 집에 되려 제 물건 팔고 가니, 파는 약 한 가지에 사는 물건은 열 가지라. 꿀 장수 가짜 꿀 놓고 사라지고, 돗자리장수 봉 씌우고 달아나고, 할머씨 빈 보퉁이 담보로 노잣돈 꾸어가고, 월부책으로 노적 만들기, 하 기가 막혀, 어떤 불한당은 여사장님 자리 비운 사이 약품을 죄 쓸어가기도 하였다.

어디 이뿐이랴. 회장님이 퇴근길에 들러 보면, 약국이 아니라 동네 부인네 사랑방일시 분명하였다. 할머니, 아주머니, 색시 할 것 없이 앉거니 서거니, 애를 안고 있는 여인네, 들쳐업은 부인네, 뜨개질하는 할머니도 있었다. 계모임인지 반상회를 하는지, 왔던 손님 기겁하여 번번이 되돌아갔다. 이러기를 한두 번이 아니어서 마침내 회사의 문을 닫기에 이르렀다.

아내의 잘못은 묻지 않기로 하였다. 이십 수년 동안 쌓은 공이 허문 공보다 크기 때문이었다. 권력이 없고 재물이 없고 건강이 없는 가장을 헌신적으로 내조하였고 두 딸을 곱게 길렀다. 밍크 목도리나 다이아반지를 탐내지 아니하였다. 가상한 일은 내자가 수많은 복부인들을 제치고 아파트 추첨을 따내서, 서울 강남하고도 압구정동, 한강물 창밑에 남실거리는, 5천만 동포가 선망하는 아파트 보금자리를 장만하였다. 안사람이 조그만 사업을 거덜냈다고 하여, 바깥양반이 일성대갈 진노한다면 그야말로 소인배다.

인생무상이라. 비바람 찬 서리에 내자의 머리에 하나 둘 흰 털이 생기고 얼굴에는 주름살이 늘어만 간다. 반백이 된 안주인은 외할머니가 되겠다고 아침저녁으로 전화통 곁에서 살고 있다.

"우리 딸은 재수했는데……. 의사가 나왔다구요? 많이 해달랄 텐데……. 선생 딸이라고 한 번 보잔다구요?"

팔불출이 되어도 좋다. 나는 요로코롬 사는 아내를, 입술에 침을 바르고 사랑한다.

〈2000〉

예쁜 여대생

 알고 지내는 조선족 동포의 말버릇대로 얘기한다면, 나는 40년 동안 줄곧 선생질을 하였다. 철이 들어서, 거의 인생의 전부를 교단에서 보낸 셈이다. 장한 일인지, 미련한 일인지 모를 일이다. 제자 중에 면장, 군수, 도지사, 시의원, 한의사, 판검사, 육군대장, 장관이 있다고 큰소리치는 친구를 나는 존경한다. 지나온 뒤를 돌아보면, 장한 일은 별로 없고 미련한 일만이 두고두고 한이 된다. 이런 웃지 못할 일도 있었다.

 나는 교단에 서서 여학생을 똑바로 내려다보지 못하는 성벽이 있었다. 꼬마남학생이면 몰라도, 감히 여자 대학생의 눈을 마주보지 못하고 늘 학생들의 눈과 마주치지 않으려고 애썼다. 왜 그랬는지 까닭을 알 수가 없었다. 꽃만 보면 줄행랑을 치는 나비는 나비가 아니다. 첫사랑의 상처가 너무 깊어선지 모르겠다. 여학생하고만 강의를 할 때는, 천장을 바라보고 독백을 하듯이 중얼거렸다. 대체로 여성 공포증이 매우 심하였다. 못나고 미련한 일이었다. 더 한심한 일이 벌어지기도 하였다.

어느 해 가을날, 한참 강의를 하다가 어쩌다 한 여학생의 눈과 마주쳤다. 나는 질겁하였다. 용기를 내어 다시 보았다. 예쁜 얼굴에 미소가 가득하였다. 용기를 내서 다시 보니 예사 미녀가 아니었다. 미스 코리아는 몰라도 미스 춘향은 되고도 남을 만하였다. 고운 얼굴에 희열이 넘치고 있었다. 내가 말을 할 때마다 고개를 위아래로 끄덕거렸다. 내 강의에 흠뻑 젖어 있었다. 내 말끝마다 감탄하고 감복하고 환희에 잠겨 있는 듯하였다.

나는 처음으로 선생질한 보람을 느꼈다. 그 여학생을 만난 날은 하루종일 설레고 즐거웠다. 다음 날도 그 여학생은 강의실 맨 앞에 자리를 잡고, 내 말마디마다 고개로 맞장구를 치면서 득도선경得道仙境에 잠겨 있었다. 나는 이런 강의를 난생 처음 해 보았고 학생도 이런 명강의는 처음 듣는 듯하였다. 추사서체도 초년의 서예가 다르고 원숙기의 서품이 다르다. 나는 인생 노년에 이르러 마침내 가르치는 도사가 다 되었다고 단정하였다.

그러던 어느 날이었다. 그 선녀 같은 학생이 보이지 않았다. 그 다음 강의실에서도 모나리자의 미소를 띤 주인공은 나타나지 않았다. 그다음 주 강의실에도 선화공주를 닮은 여학생의 모습은 보이지 않았다. 길을 잘못 든 선녀가 나를 잠깐 만나고 하늘로 올라갔는가. 나는 사는 재미를 잃고 세상도 싫어졌다. 기적처럼 나타난 그 여인은 행복처럼 사라졌다. 그의 행방이 궁금하였다. 나는 강의하다 말고 마침내 큰 마음을 먹고 다른 학생들에게 물어보았다. 학생들은 합창을 하듯이 대답하였다.

"얼마 전에, 정신병원에 입원했어요."

강의실이 웃음바다가 되었다. 친구가 아프다는데 웃다니, 나는 매우 불쾌하였다. 학생들이 내 마음을 알고 있음에 틀림없었다. 가르치면서 배운다고 한다. 나의 미련함을 그 여학생이 깨우쳐 주었다. 그나저나 꽃다발을 들고 문병 갈 일이 큰 걱정이었다. 나는 정녕코 평생 스승 노릇을 하지는 못하고 선생질을 하였다.

〈1982〉

어떤 시인 선생님

　나로 말할 것 같으면, 적어도 서울에 있는 사범대학을 약골이 턱걸이하듯이 나왔다. 옛날 옛적 비장 강개한 선비처럼 "가노라 삼각산아, 다시 보자 한강수야"를 읊조리며 낙향하였다. 모교의 국어 선생 자리가 나를 기다리고 있었다.
　6·25의 상처가 아직 가시지 않은 때였다. 하다못해 선생질이라도 할 수밖에 없는 직장이 아니었다. 전쟁의 불길이 집이란 집은 죄 잿더미로 만들어 버렸는데, 일터가 있을 턱이 없었다. 목숨이 붙어 있는 것만으로도 천행이었다. 예쁜 여자 대학생을 둔 부모들이 선생 사위를 고르기도 하였다.
　몇 해가 지났다. 아름다운 여대생은 찾아오지 않고, 우리 학교에 국어 선생님 한 분이 새로 부임하였다. 지상에서 익히 알던 시인이었다. 남도의 육자배기 가락으로 한국인의 정서를 노래한 서

정시인, 작달막한 키에 창백한 얼굴이 첫눈에 하늘에서 내려온 신선이었다. 백묵 가루를 마실 분이 아니었다. 나는 시인 선생을 깍듯이 우러러 모시고 존경하였다.

겉볼안이었다. 시인 선생은 조용히 걸어 다니는 학이요, 도시 말씀이 없는 도사였다. 마치 지리산 신령이 길을 잃어버리고 홍진 세상에 온 듯하였다. 나보다 훨씬 연장이니, 조선시대라면 부자뻘이었다. 선생은 햇병아리 선생을 동생처럼 대해주었다.

산신령님도 속세에 있으면 세속을 따라야 한다. 신령님과 나는 알아주는 골초였다. 세상은 하 수상하고 가슴에서는 석탄백탄이 타는데, 담배 연기로나마 마음을 달랬다. 나는 무례하게 시인 선생과 맞담배를 태웠다. 선생은 소탈한 평등주의자였다. "성냥이 있으면, 담배 한 대 얻어 피웠으면" 한다는 우스개가 있다. 시인은 연초를 지니고 다니는 때가 별로 없었다. 물론 라이터도 가지고 있지 않았다. 가끔 나더러 담배를 청하는 입 모양과 눈길과 가느다란 손이 매우 오묘하였다. 세상에서 그렇게 미안쩍어하는 모습을 나는 본 적이 없었다.

금강산에서 금방 하산한 도사 아니라 도사 할아버지라도 하루만 속세에 있으면 먼지가 묻는 법이다. 시인 도사는 화투놀이를 썩 좋아하였다. 화투짝 두 장을 가지고 결판내는 짓고땡을 즐겼다. 내가 할 수 있는 유일한 잡기가 바로 짓고땡이었다. 두 골초, 두 도박꾼의 궁합이 잘 맞았다.

어느 가을날 밤이었다. 예닐곱 접장들이 교내 숙직실에 모여들었다. 문을 걸어 잠가놓고 바야흐로 동양화 전시회를 벌였다. 그때마다 나는 시인 선생 곁에 앉았다. 결가부좌한 선생의 품은 참선하는 달마대사요, 미늘 없는 낚싯대를 드리운 강태공이었다. 잃으나 따나 매한가지였다. 그러다가도 어쩌다 장땡을 잡은 선생이 바르르 떨고 있는 몰아지경의 경건한 표정은 가히 일품이었다.

밤이 제법 깊어졌다. 잃은 자 날 샐까 두렵고, 딴 자 일어서고 싶은 때가 되었다. 신령님이 딴다면 신령님이 아니고, 도사가 싹쓸이를 한다면 도사가 아니다. 선생의 자본이 초겨울 감나무에 매달린 까치밥 홍시처럼 달랑달랑하였다. 마침내 달마대사의 자세가 흐트러지고 엉덩이가 차츰 들썩거리기 시작하였다. 열이 뻗치는 듯 양말 한 짝을 벗어던지고, 앞 친구가 꼼수를 부린다고 호통을 쳤다. 선학仙鶴이 까마귀가 되고 신선이 왈가닥이 되는데 그리 오랜 시간이 걸리지 않았다. 낮 퇴계退溪 선생이 다르고 밤 퇴계 선생이 다르다는 말이 이를 두고 하는 말인 듯하였다.

시인 선생은 악당들에게 다 털렸다. 깊은 한숨을 쉬더니 날더러 만 원만 달라고 하였다. 나는 감지덕지하고 드렸다. 또다시 날렸다. 만 원만 더 꾸어 달라고 하였다. 또 거털이 났다. 까마귀 시인은 본전은 관두고 빚을 2만 원이나 졌는데 판이 깨졌다. 선생은 내 귀에 대고 "총 2만 원입니다" 하고서 일어섰다.

시인 선생이 빈털터리가 된 다음 날부터 나에게는 큰 재변이 생겼다. 선생은 나를 만날 때마다 몸둘 바를 몰랐다. 교무실에서 부딪히거나 복도에서 맞닥뜨리거나 화장실에서 일을 보면서도 "미안합니다. 곧 드리지요"하는 말씀을 하루에도 열두 때, 한 해를 두고 삼백예순 날 되풀이해서 들어야 했다.

 시인 선생은 거금 2만 원의 부채를 떠안고 해를 넘겼다. 귀에 못이 박이도록 들은 말씀을 새해에도 들어야 했다. 해가 바뀌어 달라진 것이라곤 "미안합니다. 곧 드리지요."의 판에 박아놓은 말씀 가운데 '곧' 자를 어물어물하였다. 그해 겨울 방학이 끝나고 등교해보니 선생이 보이지 않았다. 서울로 가셨다고 하였다. 환송회라도 해드려야 했는데 모두 서운해하였다. 물론 내게 "서울에서 만나면 드리지요"하는 말씀도 없었다.

 그리고 얼마 있다가 시인선생은 학처럼 하늘로 날아갔다. 저세상에 가서도 나는 빚을 받을 가망이 없었다. 시인 선생은 천당에 계시고 나는 다른 자리에 누워 있을 터이니 말이다.

〈1965〉

하석何石 서백

나는 스무 살 초반에 고등학교 선생 노릇을 하게 되었다. 선생이 어린데 학생들은 더 철이 없었다. 속이 상하는 일이 하나 둘이 아니었다.

내가 담당한 반 학생들은 수업료 납부성적이 늘 전교 꼴찌를 하였다. 담임선생이 무능하여 학교 재정을 거덜냈다. 훈육실에서 치도곤治盜棍을 당하는 학생 대부분이 내 반 학생이었다. 말하자면, 나의 학생본위의 민주적 교육방식은 난관에 봉착하였다.

골치가 아픈 일이 자꾸 나타났다. 그 중 하나가 청소당번 학생들이 번번이 제 임무를 수행하지 않고 도망치는 일이었다. 담임선생이 청소를 할 때도 있었다. 교실 청소당번이 이런데, 더러운 변소청소는 더 말이 아니었다. 하루는 한 떠꺼머리 총각이 내 앞에 나타났다. 향후 한 달간 제가 화장실 청소를 맡아 하겠다고 자

원하였다. 사찰에서 해우소解憂所 청소를 담당하는 정통淨桶 스님이 계시다는데, 속세에도 장한 고행자苦行者가 있었다. 그 녀석이 충실히 약속을 지켰다.

이 화장실 자원봉사자가 바로 그 후 30년이 지난 오늘, 한국서단의 독보적 존재인 하석 박원규何石 朴元圭 서예가이다. 청소년 시절에 가장 아름답지 못한 일을 담당했던 하석이 장년이 되어서는 가장 아름다운 서예예술의 극치를 이룩하였다. 하석의 얼굴색이 지금도 아프리카 원주민의 피부색을 닮았는데, 그건 먹물이 베어서 그렇기도 하지만, 사실은 옛날 화장실에서 얻은 오염이 지금껏 남아있기 때문이 아닌가 한다.

담임선생을 잘 만났다면, 하석의 얼굴은 귀공자의 모습을 띠고 있을 것이다. 하석을 볼 때마다, 옛날 담임선생은 오늘도 미안하기만 하다.

〈1980〉

이 풍진 세상을 살자니

 영감이 백 살이 되려면 아직도 멀다. 흔히, 나이를 묻는 일이 예쁜 여인한테만 실례인 줄 안다. 철딱서니 없는 젊은이가 나이를 물어 올 때가 있다. 영감은 환갑이 갓 넘었다고 말해 둔다. 이렇게 시치미를 떼기 십 년도 더 넘은 듯하다.
 누구나 다 그럭저럭 살다가 어느 날 문득 저도 모르게 나이를 몽땅 먹게 된다. 나이를 많이 자시면 그만큼 많이 지니고 누려야 지당하다. 고려청자가 박물관 상등석을 차지하는 까닭은, 그것이 천 년 나이를 먹어서가 아니던가. 세상 이치가 이러하지만, 만사가 다 그렇지는 아니하다.
 춘추 망팔질望八耋에 이르니, 아닌 게 아니라 많이 지니고 누리기는 한다. 잔병이 많고 조석으로 먹는 약 봉다리도 많아진다. 괜히 섭섭한 마음이 많아지고, 아니꼬운 일이 많으니 사나운 말이 많아진다. 할머씨가 좋아하는 짓은 않고 하지 말라는 짓만 골라 하니, 할머씨 잔소리가 많아지고 영감은 시나브로 혈압이 오르니 상도 주지 않는 병원 개근생이 된다.

인생 황혼에 이르러 다복다남多福多男, 천수만복千壽萬福을 누리는 노옹이 그 몇인고! 누리는 일이 많기는 많은데 안 좋은 일은 많고 좋은 일은 많지 않다. 감춰 놓은 비자금은 바닥이 나고 호주머니에 찬바람이 부니 맥이 풀린다. 그 많은 일가친척 하나 둘 저세상에 가고, 먼저 황천에 간 죽마고우가 적지 않다. 몸을 뒤척여도 잠이 올 리 없다. 새벽잠도 없다. 할머씨도 마찬가지다.

꼭두새벽부터 할머씨는 주방에서 요란하다. 딸그락거리다가 주절거리다가 〈목포의 눈물〉을 콧노래로 부른다. 매우 처량하여 영감도 슬퍼진다. 독백인지 영감더러 하는 건지 말소리가 들린다. 영감은 입 떼기를 망설인다. 묻지도 않은 말을 했다간 꾸중을 듣는다. 다시 물었다간 벼락이 떨어진다. "벌써 귀를 먹었어"라고. 영감은 일 년 열두 달, 하루도 삼시 세 때 눈칫밥은 먹었으나 귀를 먹은 적은 없다.

귀는 어둡지 않으나 기억력은 많이 가신 듯하다. 잊을 게 따로 있지, 손자 이름을 잊어먹는다. 소싯적에 짝사랑했던 여배우의 이름이 생각나지 않는다. 서울시장 이름은 물론이고 대통령 이름도 까먹는다. 잊어버리고 잃어버린 것이 하고 쌨다. 금방 한 말을 또 한다. 인삼 녹용이라면 모를까, 시답지 않은 얘기를 재탕 삼탕을 해 대니, 할머씨가 역정을 안 낼 리가 없다. 할머씨도 피장파장이다. 아침에 한 얘기를 점심때 다시 하고 저녁이 되면 처음 하듯이 되풀이하고 토씨 하나 안 틀리게 잠자리에서 또 되뇐다. 그때마다 영감은 할머씨 말씀을 난생처음 듣는 것처럼, 세상에서 가장 재미있는 얘기처럼, 흥을 돋워 주고 추임새를 곁들여 감탄한다. 이 풍진 세상, 이렇게라도 마음이나 편히 살아야 한다.

현명한 영감은 할머씨한테 싸움을 걸지 않는다. 백 번 싸워 보았자 한 번을 못 이기는 싸움은 싸움이 아니다. 넘치던 부부애는 어디 가고 노병老兵은 전우애戰友愛로 산다. 영감은 세 가지 조건을 갖춰야 할머씨를 이겨 먹을 수가 있다. 첫째는 권력이다. 비록 백발이지만 지금껏 큰 감투라도 쓰고 있어서 저녁 9시 뉴스에 얼굴이 비치고, 조간신문 삼면에 더러 사진이 실리기라도 하면, 겉으로나마 항상 추앙을 받는다. 권력이 없으면, 다음으로 돈이 있어 보아라. 저금통장에 백 억이 있고 말죽거리에 오만 평 땅이 누워 있으면, 일가친척이 아침저녁으로 찾아와 알현한다. 할머씨는 늦게나마 현모하고도 양처가 된다. 권력이 없고 재물이 없다면 출가하여 스님이 되어야 하는가. 그렇지 않다. 끝으로, 이도 저도 없다면 한라장사, 백두장사 씨름 선수 같은 힘이 있으면 된다. 82살 노인이 28 청춘의 젊음을 지니고 있으면, 온 동네 뭇 할머씨의 존경을 받는다. 셋은 과하고 그 가운데 하나만 있어도 천복을 타고난 노인이다.

누리고 있다 하더라도 권력·재물·건강은 오래 가지 않는다. 해야 할 일은 노인장의 체면과 권위를 지키는 일이다. 나이가 들면 건강이 나간다. 어깨는 제풀에 처지고 허리는 멋대로 휘고 무르팍에서 쥐새끼 우는소리가 난다. 그렇다고 아침에 눈만 뜨면 여기 아프고 저기 결리고 온몸이 쑤신다고 엄살을 부려서는 안 된다. 일가친척은 관두고 조강지처를 비롯하여 아들·며느리·딸·사위·손자·외손녀, 누구 하나 놀라거나 걱정하는 기색이 없다. 영감은 부실한 다리를 지팡이에 의지할 생각을 말아야 한다. 그걸 짚고 나섰다간 동네방네 이웃들에게, 이 노인네 갈 날이 머지 않다고 알리는 꼴이 된다. 영감은 원효대사가 물려준 명아주 지팡이라도 짚기를 삼가야 한다.

양인심사兩人心思 양인지兩人知. 때마침 할머씨와 영감의 마음을 달래주듯 여가수가 티브이에 나온다. 영감은 백내장기가 있어서 모든 여인이 다 미스코리아로 보인다. 〈비 내리는 영동교〉를 간드러지게 불러제낀다. 영감은 백팔번뇌를 떨쳐 버리고 얼굴에 생기가 돈는다. 희색이 만면, 황홀지경에 빠져 어깨를 약간 덩실거리고 엉덩이까지 들썩거리는데, 할머씨가 소스라치게 일어나 티브이를 돌려 버린다. 영감은 못내 아쉽다. 돌려놓은 화면에서는 마침 천하장사 씨름판이 벌어진다. 영감은 풀이 죽어 있고 할머씨는 활기가 돈다. 알몸을 드러낸 씨름꾼을 보면서, 할머씨는 금세 눈망울에서 빛이 나고 소리치고 박수 치고 야단야단 생야단이 난다. 영감이 벌떡 일어나 티브이 덩어리를 들어 창밖으로 내던지려 하나 꼼짝달싹할 수 없다.

아! 식은 줄 알았더니 잿속에 사랑의 씨앗 한 톨이 남아 있었나

보다. 그 씨앗은 하나님이 하지 말라는 시기 질투의 싹을 품고 있다. 사랑이 있어야 시기를 하고 질투도 하는 법이다.

⟨2001⟩

할아버지의 할아버지

긴히 볼 일도 없는데 밖에 나갔다가 차를 타게 되었다.

내가 버스 문턱에 한 발을 올려놓자, 청천 하늘에 벼락 치는 소리가 났다. 저만치 앉은 노인장이 나를 손으로 가리키며, 앞에 앉아 있는 학생 뒤통수에 대고 호통을 쳤다.

"할아버지 올라오신다, 일어나!"

민망한 자리에 앉기 전에 어른에게는 예를 치렀으나, 내 딸의 아들뻘 되는 꼬마 녀석은 어디 숨었는지 보이지 않았다.

나는 요렇게 할아버지가 되었다. 복을 타고난 사람은 자고 일어나 보니 어마어마한 사람이 되었다는데, 나는 낮잠도 자지 않고 바야흐로 할아버지가 되었다.

세상만사 차례가 있는 법이다. 너나없이 나이가 차면서, 형씨라거나 아저씨 소리를 듣다가, 더러 선생님 대접을 받거나, 가끔 할아버지라 부르면 속으로 앙탈을 부리다가, 어느 날인가 누가 봐도 꼼짝없는 할아버지로 자리를 잡게 된다.

요새는 할아버지도 조숙하는가 보다. 나는 그냥 나이만 자신 그저 그런 할아버지가 아니라, 수염이 허연 할아버지가 나를 할아버지라고 하였으니, 대번에 할아버지의 할아버지가 된 셈이다. 젊은이들은 모를 것이다. 한번 할아버지가 되면, 영원한 할아버지로서 누리는 행복과 권리가 이만저만이 아니다.

말죽거리 땅부자 노인이라 하더라도, 땡전 한 푼 안 내고 오만 가지 혜택을 누린다. 고종황제가 살던 구중궁궐에 무상출입이다. 천 년 묵은 불국사든, 보물이 가득한 박물관이든, 문간에서 돈 내라는 사람이 없다. 팔도강산 여기저기 국립공원에도 백발을 휘날리며 들락거린다. 지하철 거저 타고 서울의 동서남북 사통팔달 못 갈 데가 따로 없다.

어디 그뿐인가. 시장나리까지 나서서 달마다 교통비를 보내주고, 옹색한 노인 집에는 쌀과 연탄을 날라다 주기도 한다. 아! 태평성세 대한민국 만세, 노인 천국 만세다. 진실로 진실로 이르노니 성은이 망극하다. 욕심을 부린다면, 우리 집 앞길에 지하철이 뚫릴 때까지 살았으면 한다. 아파트 시세가 강남 뺨치게 치솟을 것이니 말이다. 과욕을 부린다면, 노인네들 듣는 데서 닥쳐오는 고령사회를 걱정하지 말 일이요, 동방예의지국의 경로정신을 헌법 전문에 밝혀 놓을 일이다. 이런 선언은 그 이치가 그렇다는 말이지, 세상 일이 뜻대로 되지 않는 법이다. 더러는 노인이 노인을 푸대접하는데, 젊은이들더러 늙은이를 상전으로 모시라고 할 수도 없는 노릇이다.

나는 할아버지의 할아버지의 자격이 있고도 남는다.

〈2004〉

우등버스에서 생긴 일

지난가을, 우등버스를 타고 시골에 갈 때였다. 학생 시절에 꼴등을 했더라도 누구나 우등버스를 탈 자격이 있다. 나는 초등학교 때부터 더러 우등상을 탄 적이 있어서, 구태여 우등버스를 타지 않아도 되는데, 돈 아까운 줄 모르고 올랐다가 탈이 생겼다.

좌석번호를 찾아 자리를 잡고 있으려니, 이내 예쁜 여성이 내 곁에 나타났다. 척 보아하니, 딸기미인대회에 나설 만한 미녀였다. 그 아가씨가 앉아 있는 내 몰골을 얼핏 보고 흠칫 놀라는 기색을 보이더니, 뒤켠 빈 자리로 허겁지겁 가 버렸다. 실로 행복은 기적처럼 왔다가 행복처럼 사라졌다. 나는 헤벌어진 입을 다물고 잠시 인생철학자가 되었다.

내가 세상이라고 나와서 예순아홉 살이 되는 어느 해, 어느 달, 어느 날, 몇 시에, 어디 가는 무슨 버스, 창쪽 몇 번 자리에서 아름다운 처녀와 나란히 앉는 행운이 있었다. 삼신할머니가 점지한 뜻을 어기고 내 곁을 마다한 여성도 세상에 나오기도 전에, 이미 그날 그 버스에서 나와 만나는 인연을 타고 나왔다. 나와 그 여인의 인생을 보태면, 어림잡아 100년, 그 길고 깊은 연분이 한순간에 나무아미타불이 되어 버렸다. 내 나이 마흔아홉에 이런 봉변을 당했다면, 석간신문에 날 만한 소동이 벌어졌을 것이다.

나도 소싯적에는 알아주는 다혈질자요 비분강개형 우국지사였다. 툭하면 흥분하고 걸핏하면 고함을 쳤다. 나이가 들어도 철이 들지 않았다. 저녁마다 뉴스를 볼 때는 거의 이성을 잃었다. 얼굴에 하회탈을 쓴 정상배들이, 누가 예쁘다고 미소를 짓고 나타나면, 폭언을 퍼붓고 삿대질을 하고, 노발대발, 얼굴이 붉으락푸르락 노기충천하여 금방 무슨 일이 날 듯하였다. 이렇게 난리를 치르면, 수면제를 먹어도 한 주먹은 먹어야 잠을 잤다. 틀림없이 국회의원들하고 제약회사하고 서로 짜고 치는 고스톱을 하는 모양이었다.

노처가 어지간히 걱정이 된 듯하였다. 옛날에 기독학생회 부회장을 지낸 할머씨라, 무슨 계시를 받았는지 기상천외한 방책을 내놓았다. 나는 그 제안을 쾌히 따라 하기로 하였다. 안 보는 것이 상책인데, 죽치고 앉아서 저녁 뉴스를 볼 때마다 내 엉덩이가 벌써 들썩거리며,

"저런! 저런! 천하에……."

하면, 우리 할머씨가 얼른 추임새로 받아서,

"죽일 놈! 살릴 놈! 몹쓸 놈! 벼락을 쫓아가 나잇수대로 맞을……."
하고 맞장구를 쳤다. 내가 연습을 시킨 대로 하였으나, 성이 어림 반푼어치도 가시지 않았지만, 내가 할 말을 할머씨가 감당하였다. 이러기를 여러 날 되풀이하다 보니, 내 마음이 고요해지고 얼굴에 사나운 기운이 사라졌다. 요사이 노처는 내 대신 혈압약을 열심히 복용하고 있다. 열 효자 부럽지 않다. 조강지처 덕분에 심장병을 모르고, 범사에 감사하고 초연한 심성을 지니게 되었다.

할아버지가 손자들과 밥을 먹는데, 멋모르고 갈비찜에 손을 댔다가 할머씨한테 꾸중을 들어도 천하태평이었다. 명동의 웬 다방에 들었다가 아가씨가 심히 못마땅해했을 때도, 너는 할아버지도 없느냐고 큰 소리를 지르지 않았다. 나의 유일한 잡기인 짓고땡을 치다가 삼팔광땡을 잡아도 관자놀이의 혈관이 발딱거리지 않았다. 우리 축구팀이 일본에 5:0으로 져도 천하태평이었다.

내 생일날, 딸이 빈손이나 마찬가지로 찾아와도 오래 두고 섭섭해하지 않을 것이다. 어쩌다가 50억짜리 로또복권이 나와도 나는 자빠지지 않을 배짱이 있다. 어느 날 남과 북이 통일이 된다 하더라도 만세 삼창을 부르지 않을 것이다. 이승을 떠날 때에도 나는 빨랫줄에 맺힌 이슬방울이 떨어지듯 그렇게 고요히 갈 것이다.

너나없이 삼천갑자 동방삭이처럼 오래 살지 못한다. 내 나이 벌써 월드컵을 한 번이나 볼까, 두 번이나 볼까. 나는 건강 장수를 가르치는 책을 손에 들어 본 적이 없다. 이런 글을 쓴 사람은 대개 제가 먼저 요단강을 건넌다. 오래 살고 싶으면, 의사가 하라는 일은 하지 않고, 하지 말라는 일을 찾아 하면 된다. 《마흔에서 아흔까지》, 이런 해괴망측한 책은 꼴도 보기 싫다. 보나 마나 이 따위 책의 첫 장에는 흡연자를 일러 지구를 더럽히는 사탄이라 꾸짖는다.

6·25전쟁이 나자 나는 한 손에 총을 들고 다른 손으로 화랑 담배를 피웠다. 막 중학교 3학년이 되던 해였다. 사사오입을 하여 나는 일세기 동안 담배를 피웠다. 내가 가장 싫어하는 충고는 금연하라는 악담이다. 금연은 좋고 흡연은 나쁘다고 생야단이다. 그렇다면, 온 세상 사람들은 좋은 일만 하고 나쁜 일은 전혀 하지 않는가. 흡연은 그 많은 좋지 않은 일 가운데 하나일 뿐이다.

건강과 장수를 위하여 매서운 의지로 금연을 단행한 사람은 칭찬을 받는다. 건강과 장수를 포기하고 흡연을 계속하는 사람은 지탄을 받는다. 그러면, 긴 생명을 누리기 위하여 금연한 자가 위대한가, 생명을 무릅쓰고 흡연한 자가 더 위대한가. 목숨을 걸고 끽연하는 자가 훨씬 용감하고 위대하다. 내 평생에 목숨을 걸고 한 일이 하나도 없다. 만주 벌판에서 왜적과 싸운 적이 없고, 민주화 투쟁의 앞줄에 서본 적도 없다. 나는 조금 남아 있는 생명을 걸고 담배 피우는 일만이라도 해 볼까 한다.

나는 아무래도 철없는 할아버지인 듯하다.

〈2005〉

전라全羅 정읍井邑 칠보七寶 시산리詩山里

  남 앞에서 잘나지도 않은 제 안사람을 추켜세우거나, 그저 그런 아들을 자랑하면 손가락질을 당하는 팔불출이 된다. 제가 태어난 고향을 자랑해도 별로 환영받지 못한다. 지역 정서를 건드리기 때문이다. 자나깨나 꿈속에서도 그리는 고향 산천을 얘기하기도 조심스러운 세상이 되었다.

  지나온 시절이 하 수상하여, 나는 열 몇 살에 부모를 떠나 고향 땅을 가슴에 묻고, 타향살이 십 여년의 다섯 곱의 세월을 보냈다. 고향이랬자 두메산골, 뽐낼 것이라곤 쥐뿔도 없으나, 먹고 살겠다고 많이도 쓴 이력서의 본적지 이름만은 천하제일의 명품이던 것이다.

전라북도全羅北道

전라라……

전라라고 하면, 우리말을 쬐께 아는 외국사람은 죄다 벗고 사는 누드촌으로 알 법하다. 그런 게 아니다. 온 세상 비단羅을 깔아 놓은 땅이다. 삼베나 모시베를 펼쳐 놓은 땅이 아니라, 고운 비단이 눈부시게 널려 있는 세상이다.

세상에 이런 별천지가 있을까? 비단이 장사 왕 서방 나라에도 없고, 신선이 사는 무릉도원에도 비단길이나 비단들판은 없다.

그러면, 왕 서방의 나라에도 없고 무릉도원에도 없는 별천지가 전라도인가? 막상 전라도에서 비단을 보려면, 어디서나처럼 포목점에 들려야 구경할 수가 있다.

전라라는 도명은 신라시대에 지어졌다. 북도의 전주와 남도의 나주, 첫 자를 따서 전라라 하였다. 애당초 비단과 연분이 없었다. 그렇다면, 붕어빵에 붕어가 없듯이 전라도에 비단은 없는가.

전라북도에는 우리나라에서 가장 넓은 들판이 있다. 징게맹경 金堤萬頃 평야이다. 한국 제일의 대평원이다. 이 넓고 넓은 들판에 넘실거리는 누런 벼의 황금 물결을 비단이라 한 듯하다. 먹고 살기 고단했던 민초들에게 출렁이는 벼 이삭은 비단결보다 더 아름다웠을 것이다.

정읍군井邑郡

우물井의 고을邑이라…….

금수강산 조선팔도 어딜 파나 물이 나오는데, 우물이 있는 고을이라니, 별꼴이 다 있다.

솟아오르는 물이라고 다 같은 물이 아니고, 정읍 물이 온 세상에서 제일가는 물이라는 말씀이다. 정읍 땅밑에는 호남의 금강 내장산이 감췄다가 보내는지, 호미로 어딜 후적거려도 샘물이 솟는다.

이 물을 마시기만 하면, 만병통치요 자자손손 무병장수를 누린다. 정읍 사람은 인삼녹용이 따로 없고 삼 시 세 때 먹고 마시는 물이 보약 중의 보약이다.

정읍 하면, 〈정읍사井邑詞〉를 빼놓을 수가 없다. 예도 옛적 우물 고을에서 살던 백제 부인네가 지은 망부가望夫歌다.

달님이여, 높이 높이 돋아샤
멀리멀리 비쳐 주소서.
우리 낭군
어느 장터에 있으신가요.

오시는 길에
진 땅을 밟을까 걱정이 됩니다.

너무 늦거들랑
어디나 짐을 풀고 쉬십시오.

아! 마중 가는 제 발길이
저물까 합니다.

— 〈〈정읍사〉 의역〉

남정네 행상을 보낸 여인은 하루 내내 마음이 아프다. 이 시가를 지은 여인은 님을 그리다가 자지러지지 않았다. 신라 박제상의 아내처럼 기다리다 지쳐서 울다 지쳐서 망부석이 되지 않았다. 정읍의 좋은 샘물을 마셨기 때문이다.

정읍 동쪽 언덕에 〈정읍사〉를 기리는 공원이 있다.

칠보면七寶面

일곱 가지 보배 칠보라…….

법화경法華經에는 금·은·마노·유리·거거·진주·매괴를 일러 칠보라 한다. 칠보문七寶文이 있다. 다복多福·다수多壽·다남多男 등 도교적 이념의 삼다사상三多思想에 따른 길상도안의 하나다.

초등학교 때, 칠보가 무엇인지도 모르면서 고장의 명예를 걸고, 일곱 가지 보물 이름을 달달 외워서 시험 치르던 생각이 난다. 칠보에서 사는 촌사람들은 일곱 가지 보배의 이름을 알지 못하지만, 칠복을 누리면서 그냥 잘들 살고 있다.

지리산 자락이 다한 곳에 칠보산이 있어서 칠보면이라 했는지,

칠보면이 있어서 칠보산이 생겼는지, 동국여지승람에도 나타나 있지 않다. 함경북도 병천군에 칠보산이 있고, 금강산 한 봉우리가 칠보산이다. 중국에도 칠보산이 있다.

조물주가 별천지에 칠보산을 앉혀 놓고 함경도에 아들 칠보산, 금강산에 손자 칠보산을 만들고, 내 고향 칠보면에 증손자 칠보산을 마지막으로 두었다.

비단의 나라 전라도에 비단이 보이지 않듯이, 칠보의 고을 칠보면에 칠보가 없다. 있다면 칠보면의 수려한 산천과 거기 사는 따뜻한 인정이 칠보보다 보배롭다 하겠다.

시산리詩山里

시를 읊는 산이라…….

마을 이름이 시산이다. 서당개가 풍월한다는 말은 있어도 산이 시를 짓는다는 말은 좀체 못 들었을 것이다.

시산을 끼고 동진강東津江이 흐른다. 강가 바위 위에 정자가 자리하고 있다. 시를 짓는 뫼를 안고 흐르는 가람 동쪽 나루터라니, 얼마나 낭만적이고 환상적인가.

거기 정자에, 일찍이 정송강鄭松江 시선詩仙이 한참 쉬고 간 적이 있다.

시산의 윗녘에 가람嘉藍이 계셨고 아랫녘에 미당未堂이 계셨다. 이제 그 한복판 칠보 시산에서 위대한 시인묵객이 나타나야 할 차례다.

내 호는 보산寶山이다. 황욱 서옹黃旭 書翁이 지어 주셨다. 칠보와 시산을 아우른 명명이다.

나는 칠보산의 영기를 받고 시산의 정기를 받아 태어났는데도, 지금껏 초야에 묻혀 사는 꽁생원이다. 고향산천을 찾아보기가 부끄럽다.

전라북도 정읍군 칠보면 시산리, 내 고향 이름은 온 세상에서 가장 아름다운 지명이다.

〈1995〉

주례 서던 날

 총각귀신으로 살 줄 알았던 늙은 제자가 모처럼 나를 찾아와서 주례를 서 달라기에 나는 단호하게 거절하였다.
 예비 신랑 친구가 다시 찾아왔다. 결혼할 사람이 울고 있다고 하였다. 나는 큰 충격을 받고 미안하였다. 강심제를 맞고라도 내가 할 터이니, 안심하라고 일러 보냈다.
 이제, 내 생애에 중차대한 역사가 시작되었다. 자나깨나 주례할 일이 머리를 짓눌렀다. 주례 말씀의 초안을 잡아서 고치기를 여러 번 하여, 걸으면서 중얼거리고 이불 속에서도 외치고 화장실에 앉아서도 읊조렸다. 바깥양반의 행태를 수상히 여겨서, 안사람이 정신병원에 데리고 갈 뻔하였다.
 마침내, 결혼 날이 왔다. 목욕재계하고 예복을 손질하여 걸치고, 아침식사는 하는 둥 마는 둥, 문 밖에 지나가는 택시에 올랐다. 주례가 늦으면 큰 변이다. 하마터면, 택시기사에게 본인이 주례를 하러 가는 몸이라고 말할 뻔하였다.

식장에 도착하여 시계를 보니, 식이 시작되려면 한 시간도 더 남았다. 살아있는 사람이 지하로 내려가 다방 구석에 앉아서, 주례사를 복습하고 묵념을 하고 있었다. 지루한 느낌이 없었다. 만반의 임전태세는 완료되었다.

아, 드디어 오 분 전이다! 나는 마음을 굳게 먹고 이 층에 올라갔다. 그런데 이상한 일이었다. 어느 누구도 주례 선생님을 반기거나 바라보는 사람이 없었다.

단상 왼쪽의 의자에 앉았다. 내 얼굴에 불빛이 번쩍거렸다. 방송국에서 나왔는지 사진을 찍는 모양이었다. 심장이 뛰기 시작하였다. 아무것도 들리지 않고 눈이 가물거렸다. 식장에 손님으로 와서 뒤에서 서성거리다가, 잔치 음식이나 먹고 가는 신세가 그렇게 부러울 수가 없었다. 꼭 죽고만 싶었다.

식을 시작하는 것 같았다. 나는 걸어서 단상의 가운데에 섰다. 하객들의 얼굴이 보이지 않았다. 단 밑에서 아이들이 뛰고 뒹굴고 운동회를 하는 듯하였다. 양반집 혼사의 미풍양속은 아닌 듯하였다.

신랑, 신부가 내 앞에 섰다. 신부의 용모가 황홀하여 바라볼 수가 없었다. 맞절을 할 차례였다. 주례가 신부와 신랑이 마주 서는 사이를 떼도록 해야 하는데 그럴 경황이 없었다. 신랑 신부가 고개를 숙이다가 머리를 부딪치고 말았다. 장내는 웃음판이 되었다. 박수를 치는 사람도 있었다. 이런 무례한 행위는 모두 주례를 비웃는 짓이었다.

결혼 서약과 선서와 주례사를 내가 다 해야만 되었다. 그런데 큰 일이 벌어졌다. 탁상에 놓인 서약서의 신부 이름 끝 자가 처음 보는 한자였다. 평생 국어를 가르친 선생이 신부의 이름을 결혼식장에서 바꿔 놓았으니, 내 일생에 이런 실수가 또 있을 수 없다. 시끄럽던 장내가 더 소란스러워졌다. 신부 오빠한테 혼나지 않았으니 다행이었다. 신부, 신랑의 이름자는 익히지 않고 주례사에만 매달려 있었으니 어리석기 짝이 없었다.

주례사를 어떻게 했는지 기억조차 없었다. 거의 정신이 마비되었다. 무슨 말을 했는지, 하는 사람도 모르는데 듣는 사람들이 알 리가 없었다. 세상만사를 심사숙고하여 준비한다고 해서 반드시 성공하는 법이 아니었다. 요란한 박수소리가 나기에 내 말이 끝나는 줄 알았다. 물론, 내 말을 듣고 감동한 박수는 아니었다. 지겨운 식이 끝나고 점심을 먹게 되어서 치는 손뼉일 것이다.

큰일을 마쳤다. 온몸은 땀에 젖어 있었다. 누구 하나 날더러 점심을 하러 가자는 사람이 없었다. 바야흐로 배가 고팠다. 식장 건너 설렁탕집에 가서 혼자 요기를 하였다. 아직도 가슴은 고요해지지 않았다.

나는 숫돌에 이를 갈 듯이 다짐하였다. '실패는 성공의 어머니'라고.

〈1993〉

장서지변 藏書之辨

 거의 삼십 년 전 일이다. 씁쓸한 옛이야기지만, 어제 일처럼 생생히 떠오르는 조그만 작죄를 잊을 수가 없다.
 창 너머 교정의 반송盤松 가지 위에는 함박눈이 쌓이고 있었다. 강좌는 만주 청산리 전을 치르신 고 이탁李鐸 교수의 향가론. 돌을 씹는 강의가 무척 무료했던지 곁에 앉은 한정식韓靜湜 군이 내 귀를 간질이던 것이다.
 "영천 전차 종점 근처에 있는 헌 책방에 《소년少年》지가 있다. 마침 주머니가 비어서 못 샀는데 오후에 사러 가겠다."
 안 것이 유죄다. 강의가 끝나자, 한 군의 노발대발을 뒷덜미에 느끼면서 《소년》을 찾아 내달았다. 장안 김 서방집을 찾는 일보다 쉽게 땅바닥에 오그라 붙은 고사古祠를 찾아내고, 한쪽 구석에 한 군이 숨겨놓은 《소년》지 몇 권을 손에 넣고, 나는 보물섬을 발

견한 동화의 주인공 소년이 되었다.

다음 날, 기린처럼 키가 장대하고 심성이 선학仙鶴이던 한 군이 나를 보자, 어떤 망할 녀석이 어느새 가져갔더라면서, 학이 까마귀가 되어 발끈대었다. 책이 유죄로 붕우朋友의 신의를 버리고 말았다.

1969년 11월 1일, 귀한 책을 많이 소장하고 계시는 김관호金觀鎬 선생의 그림자 곁에서, 부끄럽게 모범 장서가상을 수상했을 때, 언뜻 한 군의 까마귀 상이 되뇌어졌다. 누더기 잡지 때문에 친구를 배반한 내 소행을 신부처럼 용서해 주기를 바라는 심정이었다.

나의 고해성사를 받아주셔야 할 신부는 한 군 하나가 아니다. 《두시언해杜詩諺解》를 갖다 준 엿장수 할아버지, 양서를 저울로 달아 준 노점 아저씨, 귀한 책을 외상으로 내 주던 서점 주인, 스승을 위하여 할아버지의 한서를 들고 온 제자, 빌려 주신 책을 안 찾으신 은사, 그리고 다이아반지가 소원이면서도 지겨운 책 꾸러미 선물을 받아야 하는 아내, 여러 고마운 분의 은혜로 나의 서재는 만들어졌다.

매일 1미터 길이의 스틱을 짚고 다니며, 지팡이 높이만큼의 책을 사들인 부라아르는 유명한 장서가였다. 그리고 히이버는 한 번도 펴 보지 않은 서적이 수천 권이나 있었음에도 타계하던 전날까지 출판사에 주문서를 띄운 광서가狂書家였다. 이들은 모두 행복한 사람들이다.

책을 돈으로 모으는 일은 쉬운 일이겠지만 책을 발로 모으는 일은 기쁨이 크고 스릴이 있다. 서울 인사동 통문관通文館에 가면 웬만한 고서는 구할 수가 있다. 신간서점에는 구하려는 책이 있기 마련이고 세계의 어느 곳이든 주문서를 띄우면 그 책이 우송되기 마련이다. 그러나 벌이 꿀을 물어 나르듯, 산책의 길을 서점 순례로 잡고 한두 권의 책을 고르거나, 낯선 타지에 갔을 때, 그곳의 서사를 순방하여 몇 권의 진본珍本을 손에 넣는 감각은 엽서가獵書家만이 느끼는 희열이다.

가령, 주머니 사정이 여의치 못할 때는 저 능청스러운 가람 이병기李秉岐 선생 방식을 써 볼 법하다. 덮어놓고 허술하고 큰 책을 집어들고 흥정을 하고선, 정작 사고자 하는 희귀본을 덤으로 얻어내는 수작인데, 이런 능청을 떠는 일도 한두 번은 무사히 통과되지만, 책사의 단골이 되면 만지는 책마다 금덩어리가 되던 것이다.

천금의 재화보다도 세상의 어떤 도취적 향락보다도 책을 사랑하는 애서가에게는 책은 바로 생의 의미이며 생의 반려자라 하겠다. 한순간에도 책이 없이는 살 수 없다. 책이 없는 생활은 이 세상이 지옥이며, 책이 없는 세상은 바로 암흑의 천지다. 책이 없이는 지겨운 이 인생 생활을 하루도 참아 낼 수 없는 독서광이 아니라 하더라도, 서적이 없는 세상은 상상할 수 없다. 우리가 누리는 문화·문명은 서적의 공적으로 이뤄진 것이요, 책은 실로 전 인류의 지혜와 발견과 노작의 결산이다. 서적을 푸대접하는 자는 문화인이라 할 수 없다. 생시에 육당六堂 선생은 문자가 있는 종이를 휴지로 쓴 적이 없었다.

책은 생명체와 같다. 잉크 냄새가 향긋한 신간서는 갓 태어난 아이라면, 오랫동안 없어지지 않고 남아있는 고서는 불로영생의 서옹書翁이라 하겠다. 조선백자보다 고려청자가 더 값지듯이 수서蒐書의 즐거움은 선인의 손때가 묻은 고본이 더하다. 현대 활자로 인쇄한 포켓판 《맹자》가 주먹만한 활자로 찍은 《맹자언해》의 고색창연함을 자아낼 수 없다. 거기 서인書印이 새겨져 있고 붉은 관주貫珠라도 있으면 경건한 엄숙성을 느끼게 된다. 대체 이 책은 수백 년의 표류 끝에 어떤 여정을 거쳐 나의 서실에 오게 되었을까? 그리고 나의 장서는 또 어떤 주인을 찾아갈는지?

독서광이 되기에는 지식이 부족하고, 수서광蒐書狂이 되기에는 재력이 옹색한 나는, 그저 몇 권의 책을 무한 사랑하는 애서가일 뿐이다. 그러므로 천하의 수서가들이 기를 쓰고 찾는 희귀한 초판이나 호화판, 미절판未截版, 두서豆書 한 권이 없고, 특수 판적特殊版籍이나 고사본古寫本 한 권 변변히 자랑할 것이 거의 없다. 나에게는 저 소위 천양지간고본天壤之間孤本이나 진장경인비책珍藏驚人祕冊이 있을 리 없고 자자손손 영세보장永世寶藏할 만한 희관서稀觀書도 없다.

내 장서는 예쁜 일본 책이 아니요, 꿀 냄새 풍기는 양서도 아니다. 그저 한글시대의 한글 책이 대부분이다. 그러나 나는 곰팡내 나는 나의 장서와 바꿀 수 있는 것이 이 천하에 아무것도 없다고 단언한다. 임어당林語堂 옹이 주장한 독서가 최상의 독서법이라면, 우리를 즐겁게 해주는 서적만이 양서인지도 모른다.

며칠 전에 구입한 사본 한 권이 있다. 개화기에 사용한 교재인 《지구약론地球略論》인데 이 작은 방석만한 책을 읽으면서 나는 포복절도하였다. 그리하여, 이 고본은 나의 애장서가 되었다.

    問……디구가 무슴 모양이뇨
    答……둥근 모양이니라
    問……디구가 안정ㅎㄴ뇨
    答……디구가 날마다 ㅎ번식 도나니라
    問……디구가 돌면 엇지 되ㄴ뇨
    答……낫과 밤이 되ㄴ니라
    問……엇지하여 낫과 밤이 되ㄴ뇨
    答……쯷히 히롤 디ㅎ면 낫이 되고 히롤 등지면 밤이 되ㄴ니라

〈1984〉

매 맞는 어른

2

매 맞는 어른
위 대한 한국인
권투선수의 교훈
소피 마르소
정말 같은 것 같은 세상
빨리빨리의 허와 실
대서양약국과 우동집
담바구타령
영장과 견공
오야꼬돔부리
일본 유무론
공은 둥근 고로 존재한다

매 맞는 어른

'매 맞는 아이'는 할 말이 없다. 저 잘 되라고 성화니 말이다. '매 맞는 아내'가 있다. 아내와 아이 앞에서, 대장부의 위세를 부리는 남편을 칭찬할 수 없다. 할 일 없으면서 낮잠도 안 자고, 어떤 단체에서 조사한 바에 따르면, '매 맞는 남편'도 꽤 있는 모양이다. 재미있는 세상이다. 그러나 바깥양반을 이겨 먹는 안사람을 우러러보는 사람은 많지 않을 것이다.

매 맞는 아이가 있고 엄마가 있고 아빠가 있더니, 이제 '매 맞는 어른'의 천하가 되었다. 울타리 안에서가 아니라, 오천만 국민이 주시하는 대명천지에, 어린이가 어른을 꾸짖고 볼기를 때리는 장면이 벌어진다.

TV에 가끔 끼어드는 공익광고에 아버지가 등장한다. 아빠는 수도꼭지를 잠그지 않는다. 방마다 전등을 켜 놓는다. 선풍기를 마냥 틀어 놓는다. 아들놈이 나서더니, 꼭지를 죄고 등을 끄고 바람을 멈추게 한다. 어른은 못된 일을 저지르고 아이는 착한 짓을 한다. 절약하는 생활태도를 일깨우는 광고의 악역은 어른이 도맡아서 한다.

어른을 꾸짖는 장면은 얼마든지 있다. 브라운관에 거리가 펼쳐지고 보도 위에 깡통 하나가 나동그라져 있다. 한 어르신네가 그걸 발로 찬다. 어떤 신사는 고걸 밟고 지나간다. 어떤 부인의 발부리에 채이기도 한다. 마침내, 미소년이 나타나더니, 깡통을 주워서 쓰레기통에 고이 넣던 것이다. 어른들의 공중도덕은 약에 쓸래도 없고 아이들은 벌써 모범시민이다. 어른들은 부끄러워서 고개를 들 수가 없다. 어른은 미운 짓만 하고 애들은 이쁜 짓만 골라서 한다.

오래전 일이다. 대통령선거가 있는 날이었다. 고소하게 하루 쉬는 참이라, 어른은 아랫목에서 몸을 뒤척거리고 있는데, 우리 집 문짝이 부서지는 소리가 났다. 동네꼬마들 일 소대가 몰려와 집 떠나게 외쳐댔다.

"투표하러 가세요, 선거날입니다."

조금 있으려니, 옆집에서 고함소리가 들리고 뒷집이 소란하고, 이내 온 동네방네 동학 난리가 일어난 듯 생야단이었다. 나라의 상감을 뽑는 때에, 어른은 게으름을 피우고 어린이들이 나라 걱정을 맡아서 하고 있는 판이었다. 어린이는 어른의 아버지라는 말은 우리 어린이를 두고 한 말이다.

아랫물은 맑아도 윗물은 흐리다.

〈1978〉

위 대한 한국인

우리나라 사람들에게 호주라는 나라는 있는 둥 마는 둥하는 땅이다. 어쩌다가 호주 축구 선수들이 서울운동장에 나타나서, 올림픽에 나가려는 한국팀을 훼방 놓고 떠나면, 우리는 그 나라를 잠깐 기억했다가 곧 잊어먹는다. 요새는 상황이 달라졌지만.

이러한 우리들의 무례함에 대하여, 호주인들이 한국인들을 혼내주려고 별렀던 모양이다. 그렇지 않고서야, 요번에 호주 상인들이 농약으로 버무린 밀가루를 산더미만큼 실어다 우리 밥상에 올려놓을 리가 없다.

그러나 이 호주인들의 농간은 별로 큰 성과를 거두지 못하였다. 그것은 호주 사람들을 비난하는 소리가 빤짝하다 사라져가서가 아니다. 또 우리나라의 항구에서 불량수입품을 가려내는 관료들을 꾸짖는 고함소리가 없어서도 아니다. 한국인의 입과 식도와 위와 장이 원체 튼튼하고 억세기 때문에, 농약 묻은 밀가루쯤은 건강에 아무런 탈이 없기 때문이다.

우리나라 사람의 위장은 포항제철소의 용광로와 견줄 만하다. 우리네가 못 먹는 먹거리는 없다. 농약으로 기른 콩나물을 먹는다. 시멘트로 굳힌 두부, 붉은 물감을 들인 톱밥고춧가루도 잘 삭인다. 공업용으로 들여온 소뼈다귀, 사료용으로 쓰이는 물고기 대가리도 없어서 못 먹는다. 지구 상에 뛰노는 곰의 쓸개는 죄다 우리가 먹고, 해구의 신, 동남아 정글의 뱀도 잡아다 먹는다. 한국 사람은 안 먹고 못 먹는 것이 없다.

먹는 일은 여기서 그치지 않는다. 먹는 데 이골이 나서 별의별 것을 다 먹는다. 욕을 얻어먹고 눈칫밥도 먹고 귀도 먹고 담배연기도 먹고 나이도 먹는다. 사람이 아닌 대패도 잘 먹고 빨래는 풀을 먹는다. 돈을 따먹고 뇌물을 삼키고 군수도 살아 먹고 국회의원도 해먹는다. 어떤 권투 선수는 챔피언도 먹어버린다.

한국인은 못 먹는 것이 하나도 없다. 우리 겨레의 할머니가 누구신가. 마늘을 가마니로 풀어놓고 잡수신 곰할머니다. 우리네의 먹성은 장구한 전통을 지니고 있다. 백년하청, 탐관오리들이 백성을 등쳐먹지 않고 석 달 열흘만 맑은 정치를 한다면, 대한민국은 그날로 세계 일등국가가 될 것이다.

그러나 한가닥 염려스러운 마음이 고개를 든다. 온 세상의 오염 식품이 이 나라에 온통 모여들고 있어서 두려운 것이 아니다. 만일에 천지가 개벽하여, 오염이나 공해가 없는 세상이 되면 우리가 과연 탈없이 먹고 살 수 있느냐 하는 두려움이다.

먹을 수 없는 식품으로 길들여진 우리 몸에 깨끗한 먹거리가 들어올 때, 우리 밥통이 그것을 잘 소화해낼 수 있겠는가? 한번도 맛보지 않은 무공해식품을 먹고 우리들의 몸이 뒤틀리지 않을까 걱정이 된다. 거부반응이 대단할 것이다.

그러나 아직은 위가 대한 한국인이다.

〈1983〉

권투선수의 교훈

호랑이 담배 먹던 때는 아니고, 그저 옛날 옛적에 한 할아버지가 참외밭을 가꾸고 살았다. 밭 가운데 원두막이 있고 거기에 됫박 하나가 놓여 있었다. 그 되의 키는 다른 되보다 조금 높았다. 마을 사람들은 쌀이나 보리를 가지고 와서 과일과 바꿔다 먹었다.

하루는, 별안간 하늘에 먹구름이 몰려오더니, 억수비가 쏟아지고 천둥소리 요란하여 원두막에 벼락이 떨어질 듯하였다. 참외밭 주인이 큰 되를 써서 동네 사람들을 속인 잘못을 하늘이 아는 듯하였다. 노인장은 칼을 세워서 됫박을 깎아내리기 시작하였다. 이것이 되 깎는 노인 이야기다.

요즘 사람들은 되를 거의 쓰지 않기 때문에 무슨 잘못을 저지르고서, 됫박을 깎는다고 하지 않고 뼈를 깎는다고 말한다. 몇 양반들이 팔을 걷어붙이고 나라 땅을 얼렁뚱땅 나눠 먹다 들통이

나서 산천초목이 떠들썩해진다. 윗분이 눈치를 살피다가 안 되겠으면, 고개를 내밀고 뼈를 도려내는 반성을 한다고 성명서를 발표한다. 대통령도 뼈를 깎는다고 나서기도 한다.

국민을 위하여 몸을 바치겠다는 선량이 만만한 사장님을 찾아가서 손을 내밀다가 그 손에 쇠고랑을 차게 되면, 역시 우러러볼 만한 최고책임자가 어금니에 힘을 주면서 뼈를 바수는 참회를 해야 한다고 뉘우친다. 이렇게 뼈를 깎고 도려내고 바수다가는 높은 양반들 골격이 남아나지 않겠다.

그런데 거리에 나가보면, 뼈를 깎고 붕대를 동여맨 사람이 보이지 않고 뼈를 도려내고 절룩거리는 사람도 없다. 골다공증 환자도 보이지 않는다. 대낮에 등불을 켜고 찾아보아도 뉘우치고 회개한 사람은 찾을 길이 없다. 이제 뼈를 깎는다는 섬뜩한 말은 쓰지 말아야겠다. 누가 뼈를 들먹인다고 놀랄 사람이 없고 믿어줄 사람도 없으니 말이다. 오늘은 뼈를 깎고 내일은 뼈를 살찌우는 뻔뻔한 위정자들을 보아야 하는 국민의 뼈가 오히려 오그라진다.

백성이 통탄할 일은 끝이 없다. 요사이 신문을 보거나 방송을 들어보자. 겨레와 나라 앞에 대역죄를 지은 벼슬아치들이 말로라도 뉘우치는 기색마저 사라졌다. 하나같이 꿀 먹은 벙어리가 되고 동곳을 빼지 않고 시치미를 뗀다. 국민은 거짓말로라도 뼈를 깎는다는 말이 듣고 싶다.

며칠 전 이오카를 눕힌 유명우 선수의 목멘 소리가 눈물겨웠다.
"뼈를 깎는 연습을 하였습니다."

유 선수는 거짓말쟁이들에게 뼈를 깎는 교훈을 바르게 가르쳐 주었다. 사천만 동포 가운데, 정말 뼈를 깎는 사람은 오직 유 선수 하나뿐이다.

〈1993〉

소피 마렵소

하나님의 실수로 너무 예쁘게 태어난 여인이 더러 있다.

프랑스 여배우 소피 마르소도 그런 미인이라 할 만하다. 얼마 전에 이 여인이 한국 화장품을 들고 TV에 나타나자, 오천만 동포의 눈에 이상이 생겼다. 그 미모와 매력은 가히 감탄, 그것이었다. 내 딸을 두고 시샘하여서가 아니라, 나는 그 여성을 볼 때마다 황홀하기 그지없었지만, 자꾸 그녀의 이름이 하도 우스워서 못 견디던 것이다. 까닭은, 그 이름이 내 귀에는 '소피 마렵소'로 들리던 것이다. '소피所避'는 오줌 누는 일을 완곡하게 이르는 말이다.

그런데 내 무례한 상상은 적중하였다. 서울 근교에서 사진장이들이 그 공주를 모시고 광고사진을 찍다가 일대 사건이 벌어졌대나. 화장실 출입은 생전 않을 줄 알았던 천사가 갑자기 소피가 마렵다는 의사를 전달해 왔다. 주위에서 시중들던 남정네들이 가까운 농가에 안내했다.

  소피 양이 소피를 잘 보는 줄 알았는데, 화장실 문이 열리며 나타난 천사가 혼비백산, 기절초풍 어찌할 바를 몰랐다. 그 화장실이 어떻게 생겼는고 하니, 드럼통 묻어놓고 그 위에 몽둥이 둘을 걸쳐 놓았대나 어쨌대나. 부랴부랴, 여왕님을 수원에 있는 호텔에 모셔서, 큰일을 치르게 했다고 한다.

  중국을 다녀온 우리나라 사람들은 중국 화장실을 입에 올린다. 지붕이 없고 문짝도 없고 나란히 앉아서 일을 보는 변소는 한국인에게 만리장성보다도 더 오래 남는 추억거리다. 파리에 돌아간 마르소 양은 한국농촌의 드럼통화장실이 경복궁보다 더 인상 깊을 것이다. 세상 사람들은 제 허물은 모르고 남의 허물만 본다.

〈1996〉

정말 같은 것 같은 세상

조선왕조의 운명이 서산마루에 간댕간댕하고 있을 무렵, 우리나라에 처음 나온 《독립신문》을 더러 알고는 있다. 임꺽정의 손바닥만한 네 쪽짜리 이 신문이 하루 걸러 한 번씩 발행한 사실을 아는 이는 드물다. 하물며 이 신문 셋째 쪽에 상품광고를 본 사람은 거의 없을 것이다. 요새 호화롭고 야단스러운 광고보다, 120여 년 전 《독립신문》 광고가 썩 재미가 있다. 광고 하나를 시쳇말로 손을 보아서 보이면 요러하다.

주 지 회 사
서울 정동
각색 외국 상등 물건을
파는데 값도 비싸지 아니

하더라 각색 담배와 다른
물건이 많이 있더라

전라도 무주 구천동에 사는 한량이 어쩌다가 이 광고를 보고, 불원천리 주지회사를 찾아왔다. 둘러보니, 하등 물건뿐이고 담배는 동이 났다. 값도 턱없이 비쌌다. 촌 양반이 심히 투덜거렸다. 꾄 놈이 성내더라고, 주인장이 되려 언성을 높였다. "여보시오! 상등 물건이 많이 있더라고 했지, 언제 많이 있다고 했소? 비싸지 아니하더라고 했지 비싸지 않다고 했소?" 딴은 틀린 말이 아니었다. 손님은 머리를 긁적거리다가 돌아갔다. 어수선한 때라, 이 사건이 《조선왕조실록》에 기록되지 않았지만 있을 법한 이야기다.

더라문체는 귀에 걸든 코에 걸든 고리가 되어 옛 사람들이 글을 쓸 때마다 박아 놓고 쓰던 어투였다. 더라문투는 이것인가 하면 저것인 듯하고 이런가 하면 저렇기도 하여 매우 두루뭉술한 구실을 한다. 더라의 때 가름은 우주의 시간처럼 과거, 현재, 미래를 다 아우르고 있다. 이렇듯 아리송한 말이 언문일치운동의 역풍을 이기지 못하고 우리 문자생활에서 자취를 감췄다. 경상도 사투리 '카더라'에 그 그림자가 남아 있고, 이따금 '카더라통신'이 있기는 하지만, 청학동 서당에서도 더라문체는 쓰지 않는다.

그렇다면 더라체 문장은 영영 사라졌는가. 어림없는 말씀이다. 종이 위에 있던 더라가 입술에 옮겨와서 다른 말의 탈을 쓰고 우리 언어생활을 지배하고 있다. 처녀귀신이 달걀귀신으로 둔갑한

셈이다. 옛날 더라체는 없어지고 오늘날 엉뚱한 말이 생겨서 기승을 부리고 있다. 과연 그 요물이 무엇일까? TV를 켜보면 단박에 알 수가 있다. 아나운서는 상하귀천 남녀노소 할 것 없이 누구에게나 마이크를 들이댄다. 그때마다 주고받는 몇 마디를 나열해 보면 이러저러하다.

> 나 같은 경우는 이 꽃이 예쁜 것 같고 저 꽃도 아름다운 것 같아요.
> 저 같은 경우도 그런 경험 같은 것을 했던 것 같습니다.
> 충청도 지방 같은 곳에서는 우산 같은 것을 준비해야 할 것 같아요.
> 간섭 같은 것이 없을 것 같아서 원룸 같은 방이 편리할 것 같네요.
> 축구 같은 운동은 잔디 운동장 같은 데서 해야 좋을 것 같지요!

나라고 해도 되는데 나 같은 경우라고 한다. 경험이 있고 경험 같은 것이 있는 모양이다. 우산과 우산 같은 것은 다른가 보다. 원룸과 원룸 같은 방은 같은 방인지도 모르겠다. 축구가 있고 축구 같은 운동이 따로 있는가? 우리가 모르는 사이에 입만 열었다 하면, 같은, 같아요, 같네요, 같습니다를 섞어 쓰지 않고는 말을 할 수 없게 되었다. 같다 어투는 글을 쓸 때나 말을 할 때나 처음이고 중간이고 끝이고 나발이고 가리지 않고 마구잡이로 남용하고 있다. 같다가 없으면 한국어는 존재할 수 없다.

같다는 여러 갈래의 뜻을 지니고 있다. 똑같거나 딴것이 아닐 경우, 불확실하거나 의심이 나는 경우, 가정을 의미하거나 비슷

한 경우에 같다를 쓰는데, 우리는 도나캐나 같다를 입에 달고 산다. 어떤 사람은 한 번만 같다고 하면 직성이 안 풀리는지 같은 것 같다고 한다. 같다를 연거푸 쓰고도 만족하지 못하고 정말 같은 것 같다고 한다. 같다가 있고 같은 것 같은 것이 있고 정말로 같은 것이 있다. 같다 열풍이 이만저만이 아니다.

말은 마음의 거울이고 사회의 반영이다. 우리가 같다 말병에 걸려 있는 까닭은 이 세상이 거짓세상이기 때문이다. 아들 같은 자식이니 어버이는 부모 같다. 제자 같은 학생이 있으니 스승 같은 선생이 있다. 위정자 같은 정상배가 판을 치니 나라가 시끄럽고 지도자 같은 지도자도 매우 드물다. 오천만 동포가 땅 같은 땅을 갈아먹고 바람 같은 바람을 마시며 하늘 같은 하늘을 이고 살고 있다. 정말로 같은 것 같은 세상이 온 것 같다.

〈2011〉

빨리빨리의 허와 실

　조선시대, 당나귀 정鄭씨 가문에서 배출한 정수동鄭壽銅과 정만서鄭萬瑞는 지금까지 우리를 웃겨주는 정씨 문중의 이소사二笑士라 할 만하다. 익살을 부리기로 누가 형이랄 수 없으나, 성미가 급한 건달을 고른다면 아무래도 정수동을 꼽아야 하겠다.
　정수동은 성깔이 조급하기로 유명하다. 그는 동네 우물가에서 숭늉을 찾다가 아낙네들한테 면박을 맞는다. 물론 찬물도 얻어먹지 못한다. 이 위인은 장가를 들어도 하필 섣달 그믐에 혼례를 치르고, 다음 날 설이 되자 두 해가 되었는데 애가 없다고 아내를 내쫓는다. 옛날 정소사鄭笑士가 뿌려놓은 조급하고 성급한 빨리빨리의 씨앗이 오늘의 한국에서 풍성한 수확을 거두리라고 누가 상상이나 했을까.
　미국에 놀러 간 한국관광단이 낯설지 않은 중국집에 들르게 되었다. 우리 동포들은 들어서자마자 빨리빨리를 큰 소리로 고래고래 합창하였다. 중국집 장께가 오만상을 찌푸리면서, 저놈의 빨리빨리 소리 지겨워서 미국에 도망쳐 왔는데, 한국 사람들이 여기까지 따라와서 성화를 부린다고 푸념을 하였다. 거짓말 같은 참말이다.

빨리빨리는 한국인을 가리키는 대명사가 되었다. 빠를수록 좋다는 생각은 한국인의 행동과 관념의 규범이 되었다. 빨리 생각하고 얼른 행동에 옮기고 후딱 만들고 재빠르게 끝내는 행동은 백의민족의 속성이 되었다. 모든 일을 빠르게 해치우는 데 우리나라 사람들은 이골이 났다. 느린 자 그는 한국인이 아니고 빠른 자 그는 진실로 한국인이다.

서울, 부산을 하루아침에 내닫는 고속도로를 한나절에 깔아놓고 위정자들은 기고만장하였다. 눈만 뜨면 한강에 다리가 하나씩 생겼다. 최신 공법으로 완공을 단축하였다고 자화자찬이 대단하였다. 십 년 걸려 짓고 백 년 동안 시민이 살아야 할 아파트단지를 담배 한 대 피울 참에 세워놓고 선진국에서도 놀랄 일이라고 나팔을 불었다. 우리가 놀라는데 온 세상 사람들이 놀라지 않을 수 없다. 한강의 기적이라고 찬사가 요란하고, 여러 나라 사람들이 도시락을 싸가지고 우리나라에 찾아와서 구경하고 배운다고 야단법석이었다. 빨리빨리공화국은 실로 장관이던 것이다.

한국은 빨리빨리, 후딱후딱, 싸게싸게의 요지경속이다. 총알택시라는 말은 우리나라에만 있는 단어다. 자동차 경주대회를 부러 가볼 일이 없다. 버스에 오르내리는 승객들을 보면, 꼭 삼차대전이 일어난 듯하다. 건널목을 건너는 시민을 보자. 마치 갑오년 동학혁명이 일어난 듯하다. 승강기라도 타보자면, 몇 초를 못 기다리고 닫음단추에 불이 난다. 시나브로 취하는 술이 아니다. 폭탄주 한 잔으로 끝장을 낸다.

빨리하기란 쉬운 일이 아니다. 그런데 빨리하면서 잘하기란 더욱 어렵다. 우리는 모든 일을 빨리빨리 해냈지만, 잘하지는 못하였다. 세상 만사를 빨리 잘하기란 대단히 어렵다. 잘하려면, 힘이 들고 더디고 정성이 있어야 해낼 수 있다. 조급하게 하다 보면, 앞뒤를 재볼 겨를이 없고 중요한 일을 빠뜨리고 일을 망가뜨리게 된다. 지난 세월 동안, 우리는 모든 일을 빨리해냈으나 잘 하지는 않았다. 잘못해 놓은 일은 빨리빨리 망가지고 무너질 수밖에 없다.

얼렁뚱땅 놓은 한강 다리 하나가 내려앉아서 온 세상을 놀라게 하였다. 쇠로 만든 다리가 부서진 것이 아니라 5천만 동포의 양심이 익사한 것이다. 어떤 다리는 놓다가, 다리가 물에 빠진 재변이 일어났다. 사람이 빠진 것이 아니고 다리가 강물에 빠진 일은 좀체로 없는 일이다. 세계에서 제일 싸게 가장 빠르게 만든 고속도로를 땜질하는 데 쏟아 부은 돈이 달나라에까지 늘어놓고도 남는다. 사람이 많이 드나드는 백화점이 주저앉아서 온 천하의 웃음거리가 되었다. 바다를 얼렁뚝닥 막아서 만든 거대한 호수는 이제 썩은 물의 악취로 천지가 진동한다. 잽싸게 세워놓은 건물은 갈라지고 내려앉고 기울어져서 생명보험에 든 사람도 살 수가 없다. 만사를 당겨서 하다가는 귀중한 생명을 당겨서 살게 된다.

우리 민족이 어쩌다가 이처럼 허둥대고 서성거리고 경거망동하는 속도지상주의자가 되었는가. 먼저 군사문화, 통금문화, 한탕주의에서 그 원인을 찾을 수 있다. 멀리는 임병란, 가까이는 6·25를 치르며 조급한 민족 정서가 형성되었다. 난리통에 생명을 부지하려면 민첩해야 했다. 이 대명천지에 30년의 군사정치가 이 사회에 가속화 현상을 부채질했다. 게다가 오랫동안의 통행금지제도가 우리 생활을 늘 서성거리게 만들었다. 늦장을 부리다간 파출소 신세를 져야 했다. 좋은 자리 있을 때 잽싸게 한탕 해서 자손만대에 영화를 누리려는 부정부패도 번갯불에 콩 궈먹는 습관을 뿌렸다.

이제 통금제도가 없어지고 아직 난리를 피하여 도망갈 일이 없다. 백두산이 마르고 닳도록 부정부패가 남아 있을 일도 아니다. 그러나 우리의 행동은 통행금지 사이렌이 울리기 직전처럼 허둥대고만 있다. 문화국민이 되려면 문화국민의 의식이 있어야 한다. 의젓한 시민이 되려면 모든 일을 빨리, 후딱, 대충 치우는 관습을 버리고, 천천히, 튼튼히, 꼼꼼히 생각하고 행동하는 습성을 생활화해야 한다. 만년대계라는 말이 괜히 있는 교훈이 아니다. 우리 민족 모두의 의식혁명이 있어야 좋은 나라를 만들 수 있다. 나라 바로 세우기보다 사람 바로 세우기가 앞서야 한다. 빨리빨리 세우기보다 천천히 튼튼하게 세우기가 우리 국민 전체의 커다란 과제라 하겠다.

〈2000〉

대서양약국과 우동집

'크고 작은 것은 대봐야 안다'고 하였다. 요샌 좀체로 들을 수 없는 말이다. 대보고 재보고 자실 것 없이 아무것이나 단박에 알아낼 수 있는 세상이 되었기 때문이다. 큰 것보다 작은 것이 좋다고 여기는 사람은 거의 없다. 코흘리개 아이도 '할머니 떡도 커야 사먹는다'고 한다.

우리 동네에 약국이 새로 들어섰다. 그 이름도 거창한 대서양약국이다. 약국 주인은 냅다 태평양 약국이라 하고 싶었으나, 길 건너에 태평양약국이 이미 진을 치고 있어서 할 수 없는 듯하다. 비록 대서양약국이지만 재보나 마나 지도책과는 달리 대서양이 태평양보다 크다. 이 약국의 한쪽에서 끝까지 가려고 다리품을 팔다간 가래톳이 서기 십상이다. 뻘건 바탕에 흰 글자를 입힌 간판 또한 크기에 있어서는 이 나라에 둘이 없고, 동양천하에도 없는 세계 최대 간판이 아닌가 한다. 글씨 한 자의 크기는 티코만하다. 내 평생 일주한 오대양 육대륙 어디서도 이렇게 큰 간판은 보기를 처음이다.

어디 우리 동네 거리의 간판뿐이랴. 방방곡곡 어느 도시, 어느 건물을 보아도 건물마다 간판으로 옷을 해 입고 도시는 온통 간판으로 씨발라 놓았다. 형형색색 그 크기며 글씨며 색깔을 볼작시면, 우리가 문화와 예술을 입에 올리기가 부끄럽다. 팔도강산 어느 도시에나 있는 간판이 있다. '고추장에 빠진 돼지'다. 유치한 간판은 애교라도 있으나, 동방예의지국의 간판은 악착스럽고 끔찍하고 참혹하다. 사람 사는 거리가 얼마나 추악해질 수 있는가를 거리의 간판이 보여 준다.

해가 지고 밤이 오면 간판의 광란은 극치를 이룬다. 이 간판들이 '저마다의 소질을 발휘하여' 오색 영롱한 불야성을 연출하고, 그 도깨비 불놀이판 상공에는 헬 수 없이 많은, 높고 큰 십자가가 빛을 뿜어내는데 실로 별유천지 비인간이 따로 없다. 간판이야말로 더 크게 더 밝게 더 높게 더 짙게 목청 큰놈이 장땡이다. 이 나라는 아파트공화국이며 대간판공화국이다.

작은 초가에서 살고 작은 땅에서 올망졸망 살던 우리가 하루아침에 큰 것이 아니면 못 사는 크기 신봉민족이 되었다. 크지 않으면 성이 차지 않고 한국적이 아니다. 요즘 처녀 눈높이에 꼬마 신랑 후보자는 영 인기가 없다. 저번 대통령 선거 때, 어떤 후보는 그 나이에 굽 높은 구두를 신고 다녔다. 키 작은 대통령은 미녀는 물론 오천만 동포의 환영을 받지 못한다. 키 크고 실없다는 말도 옛말이 되었다. 작은 것은 한국적이 아니다.

설렁탕 집에서 밥을 먹어도, 보통 설렁탕을 드는 손님은 곱빼기를 먹는 손님의 눈치를 본다. 생선집 벽에 붙여 놓은 가격표에도 '大·中·小'가 있다. 大를 시켜야 아가씨의 말씨가 상냥해진다. 열 평 아파트에 사는 사람은 집 이야기를 꺼내지 못한다. 한 80평 아파트에 살아야 사는 것처럼 산다고 할 수 있다. 달구지 자가용을 끌고 가면 호텔 문지기도 소 닭 보듯 한다. 집채만한 차를 몰고 다니면 천상천하 유아독존이다. 그래놓으니, 작은 집에 살고 조그만 차를 끌고 다니는 난쟁이 사촌이 제아무리 작은 고추가 맵다거나 작은 것이 아름답다고 해보았자 웃음거리가 될 뿐이다. 대한민국 초대대통령 이승만 박사서껀 세계를 정복한 나폴레옹 장군도 도토리만 하다고 해봤자 마이동풍이다. 형부의 코가 커서 언니만 좋은 게 아니다. 무엇이든 크고 보아야 만사형통이다.

한국인이 치료받아야 할 병이 한두 가지가 아니다. 오천만 동포가 걸린 줄도 모르는 병, 고치기도 어려운 고질이 큰것지상주의병이다. 이 병은 우리의 생활, 문화, 사상에 자리하고 있다. 순한 막걸리를 들면서 대포를 들이킨다고 한다. 기껏해야 협소한 뒷간에 가면서 대변을 보러 간다고 한다. 싸리로 만든 문보고도 대문이라 한다. 산간 벽촌 12명의 전교생이 벌인 운동회도 어디까지나 대운동회다. 중학교보다 작은 학교인데도 대학교라고 한다. 정권이 바뀔 때마다 대대적인 사정을 단행한다고 엄포를 놓고,

서일필 잡아다 잠깐 가뒀다가 풀어 준다. 우리나라와 견줄 수 없을 만큼 큰 중국이나 인도나 미국에서는 대중국, 대인도, 대미국이라고 하지 않는다. 비록 두 동강 난 나라지만 우리의 국호는 대한민국이다. 그렇다고 소한민국으로 바꾸자는 말은 아니다. 내친김에 대통령도 소통령이라 하자는 말이 아니다. 대한민국의 대한민족이니 병이 들어도 대병이 들 수밖에 없다.

소도小盜는 팔자가 사나워지고 대도라야 영웅호걸이 된다. 받아도 금송아지 뇌물이어야 걸려들지 않고, 밀수를 해도 화물선 다섯 척쯤 돼야 체면이 선다. 꿀꺽해도 나라 경제가 기울 만큼 거덜을 내야 한다. 지어도 큰 저택이어야 하고 무너져도 큰 백화점이고 내려앉아도 큰 다리여야 한다. 큰 병의 앙화가 끝이 없다. 우리는 황소의 큰 배처럼 제 뱃가죽을 부풀리고 있는 개구리를 닮아가고 있다. 무엇이나 커야 한다는 허황된 마음을 버리지 않으면 이 사회, 이 나라는 오래도록 비문화의 시궁창에서 헤어나지 못할 것이다.

며칠 전, 나는 집 앞에 있는 대서양약국에서 두 알의 소화제를 사고, 길 건너 태평양약국에서 쌀톨만한 회충약 한 알을 구입해 호주머니에 넣고, 몇 발짝 거리에 있는 우동집에서 요기를 했다. 가끔 이 집에 들르는 까닭은 우동이 별미일 뿐 아니라, 일하는 여인들이 언제나 웃음을 띠고 있기도 하지만, 이 집 간판이 너무나 아름다워서다. 이 우동집 간판은 태평양보다 크지 않고 대서양보다 작지만, 주묵색 바탕에 龍자가 고아하고 '용우동' 석 자는 명필 김생 서선書仙이 환생하여 쓴 듯하다. 고암古巖 서백의 서예다. 대서양약국 간판이 세계에서 제일 커다랗고, 용우동 간판은 작지만 동양에서 제일 아담한 간판이다.

〈2000〉

담바구타령 打令

 밥을 먹듯이 담배를 먹는다고 한다. 모닥불을 피우듯이 담배를 피운다고도 한다. 연기를 들이켜대니 담배를 먹는다고 하겠다. 죄다 넘기지 않고 입 밖으로 연기를 뿜어내기도 하니 피운다는 말도 옳다.

 먹으나 피우나 매한가지지만, 예부터 우리네 조상은 담배를 피운다고 하지 않고 먹는다고 하였다. 담배 연기는 마시는 연주煙酒요 연차煙茶이던 것이다. 매운 연기를 먹는 판에 못 먹을 것이 없고 안 먹을 것이 없다. 우리네 엽전들은 허구한 날 곯고 곯아서인지, 먹는 데 이골이 났다.

 욕을 먹고 나이도 먹는다. 눈칫밥도 밥이다. 가족이 아니라 식구食口다. 빨래 풀도 먹이고 연장에 기름도 먹인다. 어떤 권투선수는 챔피언을 먹었다고 외쳤다. 옛말에 저 혼자 사또, 현감 다 해먹는다고 나무랐다. 동해물과 백두산이 마르고 닳도록 국회의원을 해먹는다는 말은 만번 옳다. 소금장수 얘기의 첫머리는 으레 옛날 옛적 호랑이 담배 먹을 적으로부터 말문을 열어야 천연덕스럽다. 이러고 보니, 담배 연기도 먹고도 남는다.

그제나 이제나 우리네 사람들은 시도 때도 없이 담배를 육장 먹어대고 피워대다 보니, 어느덧 세상이 알아주는 애연 일등 국민이 되었다. 하루아침에 얻은 명예가 아니다. 개화기에 이 땅에 몰려 온 선교사들이 크게 질겁하였다. 조선의 백성들은 남녀노소, 상하귀천 할 것 없이 노상 담뱃대를 입에 달고 다녔다. 오죽했으면, 담배 먹으면 천당에 못 간다고, 목사가 신자들을 을러댔으랴. 먹은 죄로 지옥에 떨어졌다가 다니러 나온 끽연자를 하나도 볼 수 없으니, 아무리 말려도 도로아미타불이었다.

세상이 알아주는 끽연의 나라에 응당 세상에 으뜸가는 골초가 없을 수 없다. 씌어 있기를, 담배를 억세게 먹은 철록鐵祿이 어미하고, 연기를 겁나게 피운 용귀돌龍貴乭이가 첫손가락으로 꼽힌다고 하였다. 미처 왕조의 실록은 들춰보지 않았으나, "철록 어미냐 용귀돌이냐, 담배는 잘도 먹는다"는 말씀이 우리 속담집에 또렷이 남아 있다. 죽은 다음에 보니까 귀돌이의 뇌에 담뱃진이 벌통의 꿀처럼 절어서, 머릿속에서 검은 진을 파내는 데 여러 날이 걸렸다고 한다. 오대양 육대륙의 애연가들과 담배회사에서 이 여인네와 남정네의 추모비라도 세울 법하다.

담배하면 철록이 어미와 용귀돌이만 받들게 아니고, 담배를 가장 멋들어지게 먹은 조상님도 살펴보아야 하겠다. 그게 누군고 할작시면, 《춘향전》에 나와 있는 시골 농사꾼이다. 마패를 감추고 남원골 어귀에 당도하여, 수작 부리던 어사또를 혼내 준 농부, 이 농투성이 담배 빠는 모양새 한번 천하일품이던 것이다.

> 한 농부 썩 나서며, 담배 먹세 담배 먹세. 갈매덩 숙여 쓰고 둔덕에 나오더니, 담뱃대 넌짓 들어 꽁무니 더듬더니, 가죽 쌈지 빼어 놓고, 몹시 침을 뱉아 엄지손가락이 자빠라지게 비싯비싯 단단히 넣어, 짚불을 뒤져 놓고 화로에 폭질러 담배를 먹는데, 농군이라 하는 것이 담뱃대가 빡빡하면 쥐새끼 소리가 나것다. 양볼때기가 오목오목, 콧구멍이 발심발심하더라.

손가락이 휘도록 연초 쟁이는 행동거지하며, 대통 속에서 끓는 담뱃진이 내는 쥐새끼 울음소리하며, 볼따구니가 파이게 빨아대는 입술하며, 벌름거리는 콧구멍의 풀무질이 정녕 가관이다. 내로라 하는 시인 묵객이라 해도 담배 빠는 몰골을 요로코롬 그려낼 수 없다. 고지식한 비흡연자들은 《춘향전》의 이 대목을 놓치고, 무료한 시간을 눈깔사탕이나 깨물고 보내는 사람들이다.

애연가야말로 밥 먹는 일이나 술 마시는 일이 모두 다 식후에 담배 한 대 꼬나무는 재미로 산다. 담배 없이 한날 한시도 견디지 못하는 골초라면서, 정작 담배의 종자가 어떻게 생겼는지 알지 못한다. 그 잎의 은혜를 입고 그 근본을 모르다니, 사람의 도리가 아니다. 그 씨앗은 먼지보다 조금 크고 참외씨보다 훨씬 작다. 조물주의 조화가 아니면, 담배씨로 뒤웅박을 팔 수 없다. 얼마나 작은가, 시골 아낙네가 부르던 담바구타령의 익살이 놀랍다.

> 모시야 적삼 안섶 안에
> 연적 같은 저 젖 보소.
> 담배씨만치만 보고 가소
> 많이 보면 병납니다.

― (전북 여산지방 민요)

복숭아 모양의 연적 같은 가슴을 담배씨만큼 보라고 한다. 겨자씨만치 보았다간 탈이 난다. 담배를 상사초라 하던가. 먼지처럼 작은 씨앗의 부피를 순간에 빗댄 재치가 놀랄 만하다. 보이는 사물을 안 보이는 시간으로 바꿔 놓았다. 처녀 가슴을 담배씨만치 보는 찰나는 아주 짧은 시간이다. 그것은 전자시계로도 잴 수 없다. 이렇게 작은 씨가 움이 트고 잎이 되고, 그 잎이 연초가 되어 온 우주를 덮는다. 실로 한 초목의 장대함을 견줄 데 바이 없다.

담배의 근본은 이러한데, 이 나라에 들어 온 연초의 족보도 따져보아야 하겠다. 담배를 왜초倭草라던 기록이 있으니, 필시 임란 때 쳐들어온 섬사람들이 엽초葉草를 흘리고 간 듯하다. 서초西草라고도 하였으니, 서양에서 대륙을 거쳐 들어오기도 했겠다. 조선조가 기울어질 무렵, 일본 장사치들이 이 땅에 담바고淡婆姑를 몽땅 퍼 안겨주었다. 사직의 운명이 서산마루에 걸려 있는데, 그때도 조정에서는 싸움박질만 하고 있었으니, 백성은 석탄 백탄 타는 가슴을 담배 연기로 달랬다. 팔도강산이 연파煙波 자욱한 틈에 왜인들은 조선 엽전을 몽땅 쓸어가 버렸다. 왕조가 일본 빚을 고슴도치처럼 짊어지자, 상감을 비롯하여 만백성이 담뱃대를 꺾어 버리고 모은 돈으로 나라의 빚을 갚고자 일어섰다. 어디 될 말인가. 이내 조선왕조는 연기처럼 사라졌다.

세상이 바뀌어, 담배 끊고 나라 찾자는 시대는 거하고, 담배 끊고 장수하자는 시대가 내하였다. 얼마 전 한일월드컵이 한창이던 무렵이었다. 다 큰 어른들이 애들처럼 공이나 찰 일이지, 아무 죄 없는 애연가들을 마구 차고 짓눌렀다. 담배를 물고 TV 보기가 무서웠다. 켜기만 하면 흡연자들을 닦달질했다. 한 발을 저승에 딛고 있는 이주일 코미디 황제가 나와서 생야단을 쳤다. 흡연은 허파를 연탄으로 만든다고 하였다. 담배는 임산부와 청소년에게 독초나 진배없다고 겁을 주었다. 흡연자는 10년은 먼저 간다고도 하였다. 아무리 타일러도 황제 폐하의 감언이설에 속아 넘어간 애연가는 별로 없었다. 장수하자는 자 많으나 금연하는 자 적다. 그 까닭은 모르다가도 알 일이다. 속세의 인간들은 안 좋은 일, 나쁜 짓은 더 기를 쓰고 하려는 본성이 있기 때문이다.

담배를 세상에서 몰아내는 방책은 없는가. 하나도 어려운 일이 아니다. 흡연의 피해를 강조하지 말고 끽연의 장점을 홍보하면 된다. 죽마고우도 친구를 배신하고 조강지처도 영감님을 냉대한다. 담배는 일편단심 영원히 변절하지 않는다. 천만 가지 근심걱정 담배 한 모금에 사라진다. 연아일체煙我一體의 선경仙境이 따로 없다. 연초는 죽은 사람도 살리는 반혼초返魂草다. 담배는 지겨운 인생의 위안자요 반려자다. 담배를 피우면 구멍가게 할머니에게 적선이 되고 연초 공장 가족들을 돕는 일이다. 담배 먹고 내는 세금, 나라 살림 좌우한다. 흡연은 곧 애국이다. 술 담배 참아 소 샀더니 호랑이가 물어 간다. 흡연자들은 이 좋은 세상을 일찍 떠나주어서, 이웃 사람들이 복지혜택을 더 누리게 한다. 흡연이 이렇듯이 선행이요 덕행이라는 진리를 깨치면, 아무리 천하의 왕골초라도 당장 금연을 단행할 것이다. 속세의 인간들은 대체로 좋은 일, 착한 일은 더 악을 쓰고 하지 않으려 들기 때문이다. 금연천하를 만드는 일이 이렇게도 쉽고 빠르다.

〈2004〉

영장靈長과 견공犬公

 칠천만 국민이 다 아는 얘기지만, 마지막까지 읽어본 독자가 거의 없는 옛소설이 있다. 무엇인고 하니 그것이《흥부전》이다. 이 소설은 단군 이래, 조선 사람의 웃음이란 웃음은 죄 모아놓은 웃음보따리라 할 만하다. 놀부와 흥부가 환생하여 나타난다면, 배삼룡이도 이주일이도 결단코 코미디 황제가 되지 못했을 것이다.
 《흥부전》은 두 형제와 권속이 벌이는 익살의 경연장이다. 지리산 정기를 같이 타고났지만, 놀부의 웃기기와 흥부의 웃기기는 매우 다르다. 잘 먹고 잘 사는 놀부는 웃을 자격이 있다. 오장육부 곁에 하나 더 돋친 놀부의 장기 주머니만한 심술보가 부리는 익살은 기상천외하다. 그러나 흥부는 웃을 처지가 못 된다. 하루 한 끼를 못 먹는 처지에 애시당초 웃을 일이 없다. 사람 먹을 것이 없으니 부엌에서 서성거리는 쥐새끼들도 굶기는 마찬가지다. '새

양쥐 쌀알갱이를 얻으려고 밤낮 열사흘을 바삐 돌아다니다가 다리에 가래톳이 나서, 종기가 터져 앓는 소리 동네방네를 떠들썩하게 하니 어찌 아니 슬프랴고 독자의 눈물샘을 자극한다. 우리는 슬프기는커녕 웃음종기가 터지게 된다.

서생원이 가래톳이 나게 헤메어도 보리 한 톨 줍지 못하는 흥부 집에 밤농사는 해마다 풍년이어서, 그 많은 녀석들은 자나깨나 먹자타령을 늘어놓으니 가관이다. 탕국에 국수 말아먹자는 놈, 전골에 달걀 풀어먹자는 녀석, 대추시루떡에 검정콩 좀 놓아 먹자는 자식이 덩달아 나서는데, 한 녀석이 '애고 어머니, 나는 개장국에 흰밥 좀 말아먹었으면'하고 투정을 부린다. 시루떡에 노란 콩은 안 되고 개장국에 보리밥이 아니라 쌀밥을 말아 먹겠다는 말씀이다. 흥부 아들놈들이 발산하는 울음 속의 웃음이야말로 천하일품의 익살이라 하겠다.

박덩이가 점지한 금은보화로 흥부가 부귀영화를 누리게 되자, 그 아들놈이 개장국을 먹었는지, 삼시세때 암소갈비를 뜯었는지, 소설에는 나타나 있지 않다. 그렇지만, 흥부 아들놈의 소원은 이제야 바야흐로 이뤄지게 되었다. 새마을운동을 잘하여 대한민국의 온 국민이 중국에서 들어온 개장국에 미국 캘리포니아 산 흰쌀밥을 말아먹게 되었으니, 이는 오로지 흥부일가의 음덕이라 하겠다. 지나치면 탈이다. 이런 소문이 오대양 육대륙에 퍼져서, 서양사람들이 심심하면 이따금 우리를 보고 보신탕 먹는 야만족이라고 손가락질을 하지만, 그건 뭘 모르고 하는 소리다. 우리는 견공人公을 좋아하는 경지를 넘어 인견일체人犬一體의 평등한 세상에서 견인지정犬人之情을 나누며 살고 있다. 이 여름철에, 인간이 견공이 되고 견공이 인간이 된 흰소리로 더위나 시켜볼까 한다.

> 어느 구질구질한 음식점에 여남은 손님이 들어섰다. 여기서는 온갖 음식을 파는데, 보신탕이 맛좋기로 소문이 났다. 손님들이 자리를 잡자, 주인장이 치부책을 들고 나타났다.
> "개 아닌 분 없지요?"
> 손님들은 일제히 왕왕거렸다.
> "없소."
> 어떤 친구는 한 술 더 떴다.
> "이 더위에 개 아닌 놈이 어딨어!"

주인영감이 손님들에게 던진 주문이 무례하기 짝이 없다. 초면에 들입다 손님더러 개라니, 그 장사 이골이 나고 보니 손님들이 모두 개로 보였던 모양이다. 객들도 보신에 골몰하여 멍멍이가 되어도 아무렇지 않다. 요기를 하러 왔다가 개 대접을 받는 만물의 영장이 견공犬公의 대접을 받는 일이 예나 오늘이나 흔하고 많다. 옛적 이런 얘기도 있다.

> 갑자기 소나기가 쏟아지는 날이었다. 한 나그네가 길가 약방 처마 밑에서 비를 긋고 있었다. 잠시 있으니 빗발이 드물어지고 볕

이 나려고 하였다. 그때 방안에 있던 노인이 내다보고 길손더러 말하였다.

"개건 가지."

이 말을 듣자, 이 텁수룩한 나그네는 방안을 휘둘러보면서 대꾸하였다.

"다 개니 가야겠군."

방안 사람들이나 떠나는 이나 모두 개가 된다. 비가 갰다는 말이지 개 같은 사람이라고 하지는 않는다. 다 같이 개대접을 받았으나 성을 내는 사람이 있을 리 없다. 남을 개라고 했다가 자기가 개가 되었기 때문이다. 같은 소리가 다른 뜻을 나타내는 말장난이라 하겠다.

앞에 보인 두 이야기는 개와 사람이 하나가 된 우스개다. 흥부 아들놈은 개장국에 쌀밥을 말아먹고 싶다고 했을 뿐이지, 사람을 개로 대접하거나 개를 사람으로 대접하지 아니했다. 흥부의 후예들은 사람이 개인지, 개가 사람인지 모를 지경에 이르렀다. 말이 씨가 되어, 요새는 개를 끌어다가 섞지 않으면 말을 못하는 사람이 많다. 개가 사람의 대명사가 된다. 개 같은 놈이라고 하면 사람이 개가 된다. 개팔자라고 하면 개와 사람을 싸잡아 멸시하는 말이다. 개만도 못하다고 하면 견공이 인간보다 우위에 있다. 견공을 상전 모시듯 하는 서구인들은 이런 논의가 가소로울까? 동양의 보신탕 문화를 비방하는 서양인들은 만물의 영장인가. 그렇지 않다.

　서양 열강들이 미국 땅과 아프리카 땅과 동양 땅에서 땅빼앗아먹기 경쟁을 벌였다. 중국 상해는 조각을 내서 서로 차지하고 있었다. 도적들이 공원을 만들고 입구에 '이 공원에 중국인과 개는 들어오지 마라'고 푯말을 꽂았다. 그렇다면 견공의 나라를 침입한 백정들은 개만도 못한 족속들이다. 그 개만도 못한 도적떼들이 지금껏 세계를 지배하고 있으니 세상이 온통 개짓는 소리로 시끄럽다. 서양사람 못 되어서 한이 맺힌 이웃 섬사람들도 한때 개망나니짓을 하였다.

　조선조가 운명을 다할 때였다. 영국의 기자 베텔이 일제의 만행을 보고 분노하여 서울에 와서 대한매일신보사를 거들었다. 붓끝으로 일본 칼을 꺾으려 하였다. 그 신문사에 현수막을 내걸었다. '왜놈과 개는 출입금지'라고. 베텔은 일본인과 견공을 동렬에 올려놓았다. 그러나 영국신사는 일본을 높이 대접한 실수를 범하였다. 견공들은 남의 나라를 빼앗고 그 백성의 생명을 앗아가는 못된 짓은 하지 않는다. 영장靈長의 허울을 쓴 견공犬公들이야말로 두렵고 사나운 짐승이다. 이들은 복날이 무슨 날인지도 모른다.

〈2001〉

오야꼬돔부리

오야꼬돔부리라니, 요새 우리 젊은이들은 아프리카 원주민의 사투리로 알 만하다. 이 요상한 말은 다름 아닌 대일본국의 음식 이름이다. 지금껏 일본말의 찌꺼기가 더러 남아 있는데, 이 말이 사라진 까닭은 이 먹거리가 우리 밥상에서 없어졌기 때문이다.

오야는 일본어로 친親이다. 그러니까 오야는 어버이다. 꼬는 아들[子]이고 돔부리는 덮밥이다. 그렇다고, 아빠와 엄마와 아들놈이 정성을 모아서 만든 식품인 모양이라고 짐작했다간 웃음거리가 된다.

이 먹거리에 등장하는 오야는 아버지 닭과 어머니 닭이고 꼬는 그들의 자식인 달걀을 뜻한다. 그러니, 오야꼬돔부리는 사발에 밥을 담고 그 위에 찢은 닭고기를 얹고 다시 그 위에 달걀을 안쳐서 국물을 부은 국밥이다. 알기 쉽게 말한다면 닭의 친부모와 친자식을 한꺼번에 입속에 넣는 일본 식사라 하겠다. 오야꼬를 먹는 일본 사람은 재미가 있겠지만, 계공鷄公의 입장에서 본다면, 부모와 자식이 같이 밥 위에 올라 있는 꼴이다. 일억이 넘는 섬나라 사람들은 이 국밥을 모래가 자라서 바위가 될 때까지 즐겨 먹고 있다.

육식을 삼가는 불행한 사람을 빼고는 누구나 닭고기를 좋아한다. 미국식으로 튀긴 닭고기가 거리마다 너부러져 있다. 없어진 오야꼬돔부리의 자리를 켄터키치킨이 차지하고 있다. 달걀도 좋은 미식품이다. 온갖 요리에 달걀이 숨어 있다. 그러나 닭고기와 달걀을 섞어놓은 음식을 먹고, 거기 멋진 이름까지 달아놓은 민족은 오직 일본 사람뿐이다. 흔히 일본 민족의 잔혹성을 지적할 때, 오야꼬돔부리를 예로 들기도 하지만, 따지고 보면 지구 상에는 이보다 더 섬뜩한 음식이 얼마든지 있기는 하다.

이웃사촌이 형제보다 낫다는 속담이 있다. 그러나 이웃도 이웃 나름이지 오야꼬를 먹는 이웃이 옆에 있다면, 사이 좋은 사촌이 될 수가 없다. 김치나 깍두기를 먹고 사는 우리 민족의 이웃에 오야꼬를 먹는 일본 민족이 살고 있어서, 우리 민족은 오랫동안 조용하고 편안하게 살 수가 없다.

오야에서 가지 친 오야붕이라는 낱말도 있다. 지금도 우리 주위에서 화투놀이를 할 때 흔히 쓰는 말들이다. 오야붕이란 우두머리, 왕초라는 말이다. 나라의 크기로 보나 왜소한 몸집을 보면, 일본인들은 작은 달걀이나 먹고 살 만한 족속이다. 바다 건너에 사는 사람은 쌀밥에 김치나 걸쳐 먹고 사는데, 이웃사촌은 꼬만 먹고는 못

제2부 매 맞는 어른 **99**

살고 오야도 먹고, 마침내 오야붕이 되려는 턱도 없는 야심을 품게 되었다. 그것이 한국 침략으로 나타나고, 마침내 아세아를 석권하고 미국도 정복하여 세계의 오야붕이 되려고 하였다.

400여 년 전 임진년에 왜란이 할퀴고 간 조선왕국은 처참 그것이었다. 기어코 36년간 일제는 이 나라를 집어삼켰다가 게워내놓았다. 지금도 제 버릇을 못 고치고, 대나무 한 그루 없는 섬을 죽도竹島라고 하면서 독도를 제 섬이라고 우긴다. 열 몇 살 소녀를 태평양 외로운 섬까지 끌고 다니면서 짐승 같은 짓을 하고도 시치미를 떼고 일본군강제위안부를 창녀라고 한다.

오야 위에 꼬를 얹어 먹는 섬사람들이 바다 건너에 살고 있으니 두고두고 걱정거리가 아닐 수 없다.

〈2000〉

일본유무론 日本有無論

 육칠 년 전이다. 말솜씨가 놀랍고 글도 잘 쓰는 전여옥全麗玉 여사가 지은 책 이름은 《일본은 없다》라 하였다. 이내 다른 저자의 또 하나의 책이 나타났다. 그 책은 《일본은 있다》고 하였다. 동경에 오래 머문 서현섭徐鉉燮 외교관이 썼다. 큰 서점에서는 희한한 일이 벌어졌다. 손님이 찾는 책은 '있다'인데, 점원이 가져온 책은 '없다'이고, '없다'를 찾으면 '있다'를 대령하기도 하였다. 있다가 없다가 없다가 있다. 이웃 섬나라가 있다가 없기도 하고 없다가 있기도 하니 이런 재변이 없다. 불가에서는 있는 것은 없는 것이고 없는 것은 있는 것이다. 일본이라는 나라는 있으나 없으나 매한가지인 나라다. 곁에 두고 오래 살펴보건대, 없어야 할 것은 있고 있어야 할 것은 없는 나라가 일본이다. 그러니, 없다고 해도 옳고 있다고 해도 그르지 않다.

400년 전 조선왕조의 조정에서도 일본이 있느냐 없느냐, 서로 다투고 있었다. 풍신風神이 원숭이상인 수길이 칼을 갈고 있는지, 벼루에 먹을 갈고 있는지 궁금하였다. 아무래도 낌새가 수상하여 선조 대왕은 사신을 왜국에 보내어 염탐해 오도록 하였다. 두 사신이 돌아와 아뢴 보고는 서로 달랐다. 한 신하는 하마 왜병이 제 꽁무니에 따라오고 있다고 숨이 넘어가고, 다른 사신은 왜국은 전의가 없고 태평성대를 누리고 있다고 생딴판이었다. 역사는 되풀이된다. 요새 여의도의 잘난 분들처럼 국가 존망의 중차대한 일은 제쳐놓고, 제 파당의 이익이 눈앞에 있을 뿐이다. 빗장은 허술하게 해놓고, 일본이 있느니 없느니 싸움질만 하던 조선을 왜군의 말발굽이 하루아침에 초토화시켰다. 밥 짓는 연기가 백리 건너 한 집이 있었다 하니 왜적의 만행은 필설로 말할 수조차 없었다. 임진왜란을 일으키고 물러났던 왜국은 그 300년 후에 기어코 우리나라를 침탈하였다. 이렇게 일본은 우리 옆에 있었다.

일본이 개다짝을 끌고 허겁지겁 도망친 지 반세기가 흘렀다. 그러나 일본이 할퀸 상처는 사라지지 않았다. 보이지 않는 마음의 상흔은 천년이 흘러도 지워질 수 없다. 보이는 상처는 삼천리 강토에 생생하다. 도시나 농촌에 있는 초등학교 운동장 옆에는 대개 이 충무공 동상이 서 있다. 왜란이 없었으면 이 동상이 있을 리 없다. 한국의 어린이들이 운동장에서 뛰놀 때, 장군의 충절을 생각하고 잔악한 일본을 떠올릴 것이다. 서울의 명산 남산의 꼭대기에는 김구金九 선생의 동상이 장안을 내려다보고 있다. 산 중턱에는 안중근安重根 의사의 기념관이 있고 동상이 있다. 양재동 '시민의 숲'에는 윤봉길尹奉吉 의사상이 있고, 비원 옆에는 충정공 민영환閔泳煥 동상이 있고, 도산공원에는 안창호安昌浩 선생의 동상이 있다. 손병희孫秉熙 선생의 동상은 탑골공원에 있고 이준李儁 열사의 동상은 장충동에 있다. 효창공원에는 김구金九, 이동녕李東寧, 이봉창李奉昌, 윤봉길尹奉吉 선생의 묘가 있다. 모두 나라를 위하여 목숨을 버린 열사이시다. 수도 서울 발 닿는 데마다 일본이 있다. 서울뿐이랴. 팔도강산 어디를 가나, 항일 투사의 동상이 있고 독립기념비가 있고 의병추념탑이 서 있고 남해 바다 산속에는 충무공 사당이 줄 서 있다. 금수강산이 아니라, 동상과 탑과 비의 강토가 되었다. 이렇듯 이 땅의 동서남북 어디에나 일본은 있다.

일본이 우리 땅 위에만 있지 않다. 우리가 늘 보는 달력의 종이 위에도 일본은 항상 있다. 3·1절과 8·15 광복절이 붉은 글씨로 새겨져 있다. 전 민족이 일손을 놓고 있는 날이다. 공휴일은 아니지만, 2·8 독립선언일이 있고 6·10 만세의 날이 있고 8·29 국치일이 있다. 3월 1일은 천만 학도가 개학하는 날이어야 한다. 3월 1일이 항일 독립선언의 날이어서 3월 2일을 개학일로 삼았다. 공무원이나 공장 노동자들이 쉬는 날과 뜻이 다르다. 3·1만세를 기념하기 위하여 천만 학도의 개학을 하루 늦춰 놓았다. 초하루가 아니라 초이틀에 학교 문을 여는 나라는 세계에 우리나라뿐이다. 일본은 우리들의 집마다 붙어놓은 달력을 붉게 장식해 놓았다.

일본은 이 나라 땅 위에만 있지 않고 종이 위에도 있고 우리 겨레 마음속에도 있다. 일본은 있어야 할 일은 하지 않고, 이렇듯 없어야 할 일을 해 놓았다.

8·15가 다시 왔다. 이날을 우리는 광복절이라 하고 일본은 종전기념일이라 한다. 전쟁이 끝났을 뿐이지, 진 싸움인지 이긴 싸움인지 모를 전쟁이다. 섬나라 때문에 이 나라는 바람 잘 날이 없다. 그들이 저지른 몹쓸 교과서 때문에 우리는 조국광복을 기뻐하기보다 다시금 조국상실의 치욕을 되새긴다. 없어야 할 교과서가 나타나서, 우리는 36년 일제를, 임진왜란을, 수천 년 왜구의 노략질을 다시 복습하게 된다. 있을 수 없는 역사를 있다고 기록한 역사책은 있어서는 안 된다. 그들의 역사서에 대서특필해야 할 기록이 있다. 백제 왕인 박사가 글을 가르쳐 준 일, 고구려 담징 스님이 그려준 금당 벽화, 백제 장인이 만들어준 목조미륵보살반가상, 그들이 국보로 보존하고 있는 조선인이 만든 찻잔 등 헬 수 없다. 은혜를 총칼로 보답한 그들의 잘못도 기록해야 한다. 신라 문무왕文武王은 동해바다 속에 묻어 달라고 유언하였다. 죽은 넋이라도 왜구를 몰아내겠다는 비장한 결의였다. 이성계李成桂 장군은 남해에 출몰하는 왜구를 물리친 공적으로 조선왕조의 태조가 되었다. 임진년에 쳐들어온 왜군들은 이 나라 백성의 코를 베어다가 제 나라 괴수에게 자랑하고 그 코를 모아서 작은 산을 만들어 놓았다. 사람 사는 세상 어디에도 없는 무덤이 일본에만 있다. 남의 나라를 침탈하여, 왕후를 시해하고 수만 생령을 앗아가

고 문화재를 도적질해가고 모든 생산물을 약탈해 간 만행이 그들의 사서에 기록되어 있어야 한다. 그들의 역사서에는 열 몇 살 조선처녀를 잡아다가 위안부를 만든 짐승 같은 소행을 빠뜨려서는 안 된다. 있어야 할 기록은 없애고, 없애야 할 기록은 보존하는 역사책이 일본의 왜곡 역사교과서다. 더구나 어른이 보는 책이 아니고 중학교 애들이 볼 책이다. 아무리 국수주의 국가라 하더라도 제 나라 어린이들에게 거짓말을 가르치려 드는 나라는 천벌을 받아 마땅하다. 천벌을 받아야 할 나라가 그 벌을 받지 않고 '모래가 바위가 될 때'까지 우리 곁에 있을 것이다.

   대한민국 서울의 한복판 광화문 네거리에 충무공 이순신 장군의 동상이 서 있다. 그 앞 좌우에 두 신문사가 있다. 일제 말엽에 폐간되었다가 소생한 신문사들이다. 일본이 저지른 상처가 이 나라 심장에 자리하고 있다. 없어야 할 것이 많이 있는 우리나라가 있어야 할 것이 없는 일본 나라를 타이르고 나무라는 일이 어쩌면 기막히게 우스운 일이라 하겠다.

〈2000〉

공은 둥근 고로 존재한다

　애들이나 돼지 오줌깨에 바람 넣어 마당이나 고샅에서 차고 놀던 공을, 다 큰 어른들이 가로채다가 오늘날의 거창한 축구천하를 이룩하였다. 영국이 축구 종주국이라는 말은 어림 반푼어치도 없다. 신라 명장 김유신과 김춘추가 '축국蹴鞠'을 했다는 기록이 《삼국사기》에 남아 있으니 말이다. 콧대 높은 중국 사람은 관우 장비가 축구를 즐겼다고 한다.
　국제축구연맹(1904) 가입국은 유엔회원국보다 많은 208개 나라다. 즐기면 될 일인데, 나라끼리 겨뤄 보자는 세계축구대회가 월드컵이다. 올해, 남아공 19회 월드컵에는 이미 32개국을 뽑아 놓았다. 한국은 월드컵에 여덟 차례나 나갔는데 여덟 번 이상 참가한 나라는 열 나라가 안 된다. 13억 중국인들은 이번에도 집에서 굿이나 보고 호떡이나 먹게 되었다.

"일을 내겠다. 사고를 치겠다. 유쾌한 도전을 하겠다"는 허정무 감독의 출사표는 자못 의미심장하였다. 천지신명이 보우하사, 태극 전사들이 마라도나 부대를 격파한다면 큰일을 저지른 셈이 된다. 붉은 악마들이 스페인 무적함대를 가라앉히고 독일 전차 군단을 장난감으로 만든다면 세상이 놀랄 사고가 아닌가. 선수들은 유쾌하게 놀고 관중은 유쾌하게 굿이나 보는 운동이 축구다. 우리 선수들이 잔디밭에서 죽을 쑤든 떡을 치든 오천만 동포 여러분은 3차대전이 일어난 듯이 소란 피우지 마시고 유쾌하게 즐기라는 허 감독의 말씀이었다. "4강에 들겠다"는 일본 오카다 감독의 허장성세虛張聲勢보다 허 감독의 초발성은 철학적이고 현학적이었다. 영특한 진돗개 감독이라는 별칭이 어울렸다.

단기 4342년 6월 12일, 넬슨 만델라 베이 경기장에 나선 태극전사들은 그리스 군단을 초전에 박살을 냈다. 매우 무례한 사고를 쳤다. 우리가 놀랐는데 온 세상 사람들은 더 놀랐다. 그리스는 올림픽의 발상지이고 유럽문화의 요람이며 2004 유로 우승국이었다. 축구가 전쟁이고 보니 예의범절이 없고 장유유서도 없었다. 식사를 거르고 나왔는지, 희랍팀은 전반 7분에 한 골을 먹고 후반 7분에 또 한 골을 자셨다. 세상만물 다 먹어도 좋지만 공을 먹어서는 망하는 운동이 축구다.

전반전 호루라기 소리가 나고 이내 기성용이 천금 같은 프리킥 공을 띄우고, 느닷없이 나타난 이정수가 부엌에서 숟가락 줍듯이 잡은 공을 꽂았다. 기 선수의 발솜씨는 '택배 크로스'일시 분명하고 이 선수의 발재간은 제기차기 폼이던 것이다. 후반 7분에 넣은 박지성의 골은 세계축구사에 남을 명품이었다. 중앙선 어름에서 박 선수가 공을 본드로 신발에 붙이고 내닫는데, 세 명의 상대 선수가 따라붙더니, 한 선수는 애초에 작파하고 두 번째 선수는 나가떨어지고 마지막 선수마저 주저앉자, 박 선수는 유유하게 차 넣고 봉산 탈춤을 추었다. 장대비에 흠뻑 젖은 할아버지 붉은 악마는 서울광장에서 이 찬란한 장면을 보고 이제 죽어도 한이 없다고 하였다. 죽겠다던 그 노옹은 며칠 후, 광화문 광장에 태연히 나타나서 아르헨티나 선수들에게 삿대질을 하고 있던 것이다.

그리스팀보다 한국팀의 기량이 월등했는가. 꼭 그렇지만은 않다. 한국선수들이 잔디밭에서 만고강산을 부르며 어슬렁거리고만 있어도 진작에 이기게 되어 있었다. 한희전쟁 이틀 전이던가, 그리스 대주교께서 아프리카까지 와서 그리스 선수들 이마에 손을 얹고 "원수를 사랑하라"고 성령을 내려 주었다. 한국이 그리스와 원수진 일이 없는데, 그 사랑이 얼마나 더 풍만하겠는가. 뿐인가. 그리스 국기에는 십자가가 선명하다. 기독교 정신이 곧 그리스국가의 국시國是다. 그리스 선수들은 친구를 위하여 공을 먹는 일보다 더한 사랑은 없었다. 복 받을진저, 그리스 선수들이여!

단기 4342년 6월 17일, 붉은 악마선수들은 요하네스버그 사커시티 스타디움에서 아르헨티나와 2차대전을 치르게 되었다. 여기는 설악산 대청봉과 맞먹는 높은 지대다. 아르헨티나 축구단을 볼작시면, '신의 손' 마라도나 감독 휘하에, 축구의 메시아 메시가 있고 탱크도 길을 비켜주는 테베스가 있는가 하면 신출귀몰하는 이과인이 있다. 문어 점쟁이가 도와준다면 모를까, 싸우기에 벅찬 천하무적이었다. "앞문으로 호랑이를 막고 뒷문으로 승냥이를 불러들인다"는 옛말이 있다. 한국의 뒷문은 자동문이었다. 앞에서 메시 호랑이한테 우리 수비수들이 벌떼처럼 달겨들다 보면, 뒷문에 이과인 승냥이가 머리로 다리로 다시 대가리로 헤트트릭 골잔치를 벌였다. 쌍용이 불을 뿜어대고 쌍박이 박치기를 해 대고 차로봇, 뼈정수가 육탄전을 펴도 마라도나 병졸들을 이겨먹을 수가 없었다. 네 골이나 먹었으니, 한국 선수들은 8년 전 히딩크 감독의 "나는 아직도 배가 고프다"는 교훈을 잊지 않고 실천한 꼴이었다.

재수 옴이 붙은 경기가 아르헨티나전이었다. 제대로 싸우기도 전에 눈도 귀도 없는 공이 날라와 하필 아무 죄 없는 박주영의 허벅지에 맞고 우리 문에 찾아 들었다. 스스로 책임질 골은 아니었다. 박 선수는 독실한 신자. 그때 하나님은 어디 계셨는지 원망스러웠다. 아마 하나님을 찾는 선수들이 워낙 많아서 당신께서도 깜빡하신 모양이었다. 하나님의 사랑은 한이 없다. 전반전 종료 직전에, 이청용 선수로 하여금 보라매 병아리 낚아채듯 상대의 공을 빼앗아 화살처럼 골을 넣게 점지해 주었다. 화불단행禍不單行이라. 세 번째 이과인의 득점은 오프사이드 골이었다. 오프사이드에서 성공한 아르헨 선수들은 춤을 추는데 골을 도둑맞은 한국 선수들은 죽을 맛이었다. 60억의 지구인이 오프사이드를 목격

했는데, 딱 심판 한 사람이 못 보았다면 나무아미타불이다. 불공평하고 불합리한 축구의 마력이다. 태극용사들은 잘 싸웠다. 90분 동안 한숨 소리가 산천초목을 흔들었지만, 비통하여 땅을 치는 붉은 악마는 없었다. 한국의 제물 나이지리아가 우리를 기다리고 있기 때문이었다. 이 속셈을 알고도 나이지리아 정부는 한국 외교관을 추방하지 않았다. 나이지리아 역시 한국을 제물로 삼았으니 피장파장이었다.

단기 4342년 6월 23일, 더반 스타디움에서 백색 상의를 입은 하얀 악마들이 나이지리아 흑인부대와 생사결단의 일전을 펼쳤다. 더반은 한국의 명당자리다. 36년 전, 여기서 홍수환 선수가 주먹으로 상대선수를 때려눕히고, 고국의 어머니에게 "엄마, 나 챔피언 먹었어"라고 외쳤다. 보통 분이라면 "가문의 영광이다"라고 맞장구를 쳤을 터인데, 엄마는 유관순 열사처럼 "대한국민 만세다"를 불러댔다. 태극 용사들이 어디서 공을 차든 우리 동포들은 어디서나 "대한민국 만세"를 합창하는데, 그 "대한민국 만세"를 맨 먼저 부른 분이 홍 선수의 자당님이다. 현풍 할매 원조 설렁탕만 있는 게 아니다.

2억 국민 나이지리아의 종교는 축구인데 이제는 축구가 종교가 아니라 아편이 되었다. 독일 출신 감독 오토 대제大帝가 거느리고 있는 선수들이 대단하였다. 신들린 거미손 빈센트 문지기가 있고 나이지리아의 박지성 카라쿠니스가 있고 창조적인 공격수 사마리스가 있다. 허정무 장군이 야간전쟁에서 이기면 이순신 장군이고, 지면 돌팔매를 맞는 원균 장수가 된다. 전투를 앞두고 허 장군은 중대포고문을 공포하였다. 이르기를 '파부침주破釜沈舟'. 솥을 깨뜨려 다시는 밥을 짓지 않고, 배를 가라앉혀 도로 강을 건너 돌아오지 않는다. 죽자사자 뛰라는 일갈대성一喝大聲이었다. 흔히 운동장에 나서는 선수마다 목숨을 걸고 뛴다고 한다. 그런데 대개는 10 대 1로 지고도 선수들은 펄펄 살아나온다. 다행히도, 한국선수가 풀밭에서 초상을 치를 일은 없었다.

　나이지리아전은 이기면 16강이요, 지면 보따리를 싸야 하는 이판사판이었다. "나 지리아"하고 대드는 적군과 "너 지리야"하고 받아치는 아군의 공격이 불을 튀겼다. 시작 12분, 우리 문전에 날아온 공을 칼루 우체가 논스톱으로 우리 문에 차 넣었다. 오천만 동포의 심장이 멎었다. 차두리가 두리번거리다가 막지 못하였다. 게임이 끝난 후, 차 선수는 "저승사자를 만나고 왔다"고 하였다. 전반전 끝날 무렵, 황금 콤비가 또 일을 냈다. 기성용의 컴퓨터 크로스를 이정수가 동방예의지국 슛으로 동점골을 만들었다. 수천만의 함성은 하늘과 땅을 두 쪽으로 갈라놓았다. 전날 밤, 기성용의 어머님은 축구장 한복판에서 부채춤을 추는 꿈을 꾸었다. 그 길몽을 밤마다 꾸었더라면 우리 팀이 결승에 올랐을 것이다. 후반 4분, 어디 갔다 이제 왔느냐, 박주영이 나라를 구하고 백성을 살리는 프리킥을 날렸다. 팔도강산에 큰 지진이 났다. 한 골 앞섰으니 이제 따 놓은 당상이었다. 돈 내고 경기를 보면서도 우리가 이기고 있으면 경기가 얼른 끝나기를 학수고대하고, 만약에 우리가 지고 있으면 풀밭에 엎어져 엄살을 부리는 상대 선수에게 욕설을 퍼붓는 시간이 되었다. 통한의 24분, 늦게 출장한 김남일이 페널티킥을 범하였다. 진공청소기가 고장이 났다. 잘못은 신랑이 저질렀는데 스포츠 담당 신부 아나운서가 욕을 덤터기로 먹었다. 한반도가 꺼질 듯한 한숨소리가 아프리카까지 울려 퍼졌다. 남아 있는 20분 동안, 대한국민의 간장이 거의 타 버린 다음에야 종료 호루라기 소리가 울렸다.

싸움은 비겼지만 아르헨티나의 하해河海 같은 은공으로 붉은 악마는 처음으로 원정 16강을 달성하였다. 남녀노소, 상하귀천, 사농공상 가릴 것 없이, 나라 안팎의 배달겨레는 감격의 눈물을 흘리며 얼싸안고 춤을 추었다. 단군 이래 이런 경사가 없었다. 90분 사이 천당과 지옥을 넘나들었다. 두 번의 환호, 두 번의 장탄식 그리고 환희의 눈물로 마무리한 처절한 일전이었다. 이렇고 보니, 30년 기른 코미디언 김흥국의 콧수염은 온데간데 없었다. 그는 경솔하게 한국이 16강에 들면 콧수염을 깎겠다고 하였다.

단기 4342년 6월 26일, 6·25전쟁 60주년 다음 날, 태극용사들은 38선이 아니라 넬슨 만델라 베이 구장에서 우루과이와 16강전을 치렀다. 우루과이라면 낯선 나라 같지만 '우루과이 라운드'는 들어본 듯하다. 이 괴물이 한국의 농민을 울려서 소도 운다는 '우루牛淚~꺼이'라는 탄성이 유행하기도 하였다. 이 나라의 국기國技는 축구다. 1회 월드컵이 열린 나라이고 월드컵을 두 번이나 차지하였다. 머리띠를 맨 선수 포를란은 날아다니는 치타다. 젊은 수아레스는 사방을 휘젓고 다니는 망아지다. 역대 전적은 우루과이와 네 번 싸워서 한국이 한 번도 못 이겼다. 그렇더라도 길고 짧은 것은 대 보아야 안다. 피파 랭킹 105위의 북한이 브라질을 혼내 준 경기가 축구다.

지난 4년 동안, 우리는 자나깨나 16강 노래를 불렀다. 우리가 그토록 바랐던 16강 팀이 되고 16강전을 치르게 되었다. 져도 좋고 이기면 더 좋은 싸움이었다. 초장初場 5분, 행운의 여신은 우리 편이 아니었다. 세상이 알아주는 프리킥의 달인 박주영이 잡을 테면 잡아보라고 적진에 자블라니를 날렸다. 잡을 엄두도 못 내고 문지기는 전봇대처럼 서 있는데, 공은 왼쪽 골대를 맞고 바깥쪽으로 튕겨 나갔다. 박 선수는 머리를 감싸 안았고 우리 만백성은 가슴팍을 쳤다. 막판에 기회가 또 왔다. 후반 41분, 12년 세월 말도 많고 탈도 많았던 이동국이 우루과이 키퍼와 1대 1로 맞선 천재일우의 찰나, 걷어찬 공은 골키퍼 옆구리를 스치고 들어가기 직전에 상대 수비수가 걷어냈다. 이럴 때마다 축구 해설자가 영락없이 한마디 한다. "공이 골대 안으로 들어갔으면 골이지요." 삼척동자라도 이런 말은 하겠다. 둥근 공이 굴러서 안 들어가면 공이 아니다. 공은 둥글둥글 굴러서 제멋대로 들어가기도 하고 안 들어가기도 한다. 공은 둥근 고로 존재한다. 길거리 응원단은 비명을 지를 힘조차 남아 있지 않았다. 하늘을 원망할 수도 없었다. 우리는 어렵게 넣고 우루과이는 쉽게 넣었다. 이청용이 어렵게 한 골을 만회했으나 수아레스는 전후반 한 골씩 힘 안 들이고 넣었다. 만약에 박주영의 공이 들어갔더라면, 만일에 이동국이 12년 한을 풀었더라면 한국은 8강 팀이 되었을 것이다. 질 수밖에 없는 경기를 지면 억울하지 않다. 이길 수 있는 경기를 지면 애석하고 원통하다. 우루과이전은 이길 수 있는 경기를 패배한 마지막 아쉬움을 남겼다.

승리가 있고 패배가 있었지만 좌절은 없다. 남아공월드컵은 스페인이 차지하였다. 2002 한일월드컵에서 우리가 스페인을 이겼으니, 대한민국이 우승국이다. 8강 문턱에서 멈추었으나, 우리는 인천공항에 내린 선수들에게 꽃다발을 안겨 주고, 서울광장에서 개선 축구단 환영대회를 성대하게 열었다. 여름 한 달 동안 태극용사들은 우리에게 커다란 즐거움을 주었다. 붉은 악마는 한국 축구의 역사를 새로 썼다.

공은 둥글다. 고로 존재한다. 큰 공이 지구라면 더 큰 공은 우주다. 공은 우주보다 위대하다. 우주보다 작은 공이 온 천하를 지배한다. 490그램의 가벼운 공 하나로 전 인류가 울고불고 하나가 된다. 공은 절대자다. 축구는 종교다.

〈2010〉

노란 암캐같이 미우랴

3

노란 암캐같이 미우랴
내 아니 이를까 보냐
떳떳 상 평할 평
옥을 옥이라 하길래
당우를 어제 본 듯
미육한 시골 총각
너 죽고 내가 죽고
술 있고 안주 없거들랑
불이목의 사연

노란 암캐같이 미우랴

서당개 3년이면 풍월風月도 읊는다고 한다. 견공犬公이 자화자찬한 말이 아니라 사람들끼리 하는 농담이다. 음풍농월吟風弄月은 관두고, 견공이 두세 마디라도 말을 하게 되면 세상이 재미있을 것이다. 개의 말문이 터진다면, 맨 먼저 만천하 인간들에게 할 말이 봇물처럼 쏟아지겠다.

개를 천시하지 않고는 사람들은 말을 못한다. 기구한 제 팔자를 탓하지 않고 개팔자라 한다. 개팔자를 비웃다가 뜬금없이 개팔자 상팔자라고 한다. 저희가 소란을 피우고서 개판이란다. 개지랄한다고도 한다. 제가 잘못하고 개망신 당했다고 투덜댄다. 저희끼리 못난 짓을 해놓고 개도 웃겠다고 한다. 개는 사람 같은 놈이라고 하지 않는데, 사람들은 개 같은 놈, 개쌍놈, 개망나니, 개똥쌍놈이라고 욕한다. 사람이 죽었는데 개죽음이란다.

우리 시조 수천 수 가운데 견공을 찬양한 노래는 거의 없다. 기껏 한다는 소리가 복날에 개를 장수한테 팔아버린다커니 밥을 굶기겠다고 을러댄다. 잘못이 없는 개를 구박하니 말이 아니다.

> 바둑이 검둥이 털이 긴 검정 개 중에서 저 노란 암캐같이 얄밉고 미우랴.
> 미운 님 오게 되면 꼬리치며 반겨 내닫고 고운 님 오게 되면 두 발 들고 콧살을 찡그리며 물 듯이 캉캉 짖느냐? 노랑 암캐.
> 이튿날 문 밖에 '개 파시오' 외치는 장사 가거든 찬찬 동여내어 주리라.

개한테 미운 님, 고운 님을 알아 모시란다. 사랑의 함정을 파놓고 익살을 부린다. 고운 님을 푸대접하는 노랑 암캐를 팔아버리겠다는 아가씨는 비웃음감이다. 여러 개 가운데 노란 개만이 미운 짓을 하는 몰골이 우습고, 아가씨의 마음을 모르는 개가 수캐 아닌 암캐이니 더 배꼽을 뺀다. 개만도 못하다는 말이 빈말이 아니다.

코미디영화가 있고 풍자극이 있는가 하면, 유머소설이 있고 해학수필도 있다. 골계시조가 웃음보를 터뜨린다면, 시조문학의 영토가 넓어질 것이다.

〈2006〉

내 아니 이를까 보냐

　대문 단속을 잘해야 온 가족이 다리를 펴고 잠을 잔다. 자녀들을 엄히 잡드려야 양반 가문에 탈이 없다. 그렇달지라도, 세상만사 기를 쓰고 단속하고 잡도리를 한다고 형통하지는 않는다. 단속하기 어렵고 잡도리를 할 수 없는 일이 있으니 말이다. 말하자면, 철없는 꼬마애가 별난 짓을 보고서 동네방네 까발리지 않고는 못 배기는 아이의 입은 마이산 바윗돌로도 막을 재간이 없다. 하물며 나잇살이나 자신 어른이 허튼수작을 부리다가 애들한테 들켜놓으면 신세를 망친다. 남정네가 남의 여인네를 넘보다간 마을에서 쫓겨나고, 여인네가 남의 남정네를 끼고 놀면 온 마을이 생난리가 난다. 옛날 장시조에 연놈의 바람기가 더러 잘 나타나 있다.

이르겠다 이르겠다 내 아니 이를까 보냐 네 서방더러.

거짓말로 물 긷는 체하고 물통을 내려 샘가에 놓고 건넛집 김 서방 눈 끔쩍 불러 내어 두 손목 마주 덥썩 잡고 수군수군 말하다가 삼밭으로 들어가서 무슨 일 하는지 잔 삼은 쓰러지고 굵은 삼대 끝만 남아 우즐우즐하더라고 내 아니 이르랴 네 서방더러.

저 아이 입이 싸서 거짓말 말아라. 우리는 가난하여 실삼 캐려고 갔더니라.

할딱거리며 다짜고짜 이르겠다고 안달이다. 삼시 세 번도 아니고 네 번이나 일러바치겠다고 생야단이다. '네 서방더러 이르겠다'니 어떤 여편네가 저지른 일이 예삿일이 아니다. 눈 끔쩍 김 서방 안고서 삼밭에 숨어들어, 환한 대낮에 번갯불로 담뱃불 붙이듯이 뜨거운 사랑을 해치운다.

하늘과 땅만 알라는 법은 없다. 삼대가 우즐대는 모양을 어른은 못 보았는데, 하필이면 호랑이보다 무서운 애녀석한테 들킨다. 어른의 입은 술 석 잔에 막을 수가 있지만, 애놈의 입은 막을 도리가 없다. '실삼 캐려고 갔더니라'고 능청을 부린다고 넘어갈 일이 아니다. 그날 해가 지기 전에, 두 연놈은 야반도주를 하였거나 멍석말이를 당하였을 것이다.

옛날 사랑은 썩 낭만적이다. 남정네하고 여인네가 삼밭에서 허덕거리고 보리밭에서 뒹굴고 물방앗간에서 안고 돈다. 허덕거리고 뒹굴고 안고 도는 일이야 누가 탓하랴만, 어쩌다가 남의 눈에 띄었다간 온 세상에 웃음거리가 된다. 재수 옴이 붙어서, 하필 쪼그만이한테 들키면 망신도 개망신을 당한다.

위에 보인 시조에서 입이 싼 애놈을 내세우지 않았다면, 웃음의 강도가 떨어지게 된다. 남녀의 뜨거운 사랑을 훼방놓는 꼬마 녀석은 웃음을 증폭시키는 적임자라 하겠다. 꼬마 녀석이 약을 올리니 더 기가 막힌다.

〈2006〉

떳떳 상常 평할 평平

 가난하게 사는 일은 어렵지 않다. 만사에 손을 놓고 있으면 저절로 무일푼이 된다. 안 먹고 안 쓰고 재산을 늘려서 마침내 부자로 살기는 대단히 어렵다. 재산이 많은 사람은 어려운 일을 해내는 사람이다. 세상에 가장 어려운 일은 남의 호주머니에 있는 돈을 내 호주머니로 옮겨오는 일이다. 돈을 마다하는 자는 없다.
 돈 이야기가 나오면 송장도 일어선다. 돈 주면 도깨비도 부려먹는다. 돈을 보면 돌부처도 눈웃음을 친다. 돈을 보았다 하면 송장이 일어나고 부처도 선웃음을 치는 판에 사람이야 오죽하랴! 옛사람이 그러하고 요새 사람은 더하다.
 수백 수천 수의 시조를 훑어보면 그 가운데 딱 한 수의 시인만이 돈이 싫다고 노래하였다. 스님도 아닌데 말이다.

떳떳 常 평할 平 통할 通 보배 寶字.

구멍은 네모지고 四面이 둥글어서 떡대굴 구으러 간 곳마다 반기 난고나.

어떻다 조그만 숲조각을 두창이 다토거니 나난 아니 조홰라.

 상평통보는 조선시대 엽전이다. 네모 구멍이 난 동그란 쇳조각을 싫어하는 사람은 없다. 머리에 두창이 나게 가지려고 다투고 반기는 것이 상평통보常平通寶인데, '나난 아니 조홰라'라고 초연하다. 이런 거짓이 없다. 돈이 없는 가난뱅이가 돈이 싫다고 하면 웃음을 산다. 시조는 작가의 진솔한 서정을 나타내는 언어예술이라는 말도 의아심이 든다.

〈2006〉

옥을 옥이라 하길래

송강松江은 말술을 마다 않는 천하 호걸, 〈관동별곡〉과 〈사미인곡〉을 지은 대문장가, 선조대왕의 총애를 누린 중신이며 임진왜란을 치른 충신이었다.

송강의 일생은 순풍에 띄운 배는 아니었다. 그는 서인의 우두머리로 당쟁의 소용돌이에 휩쓸렸다. 높은 벼슬자리에 있다간 쫓겨나고, 성은이 망극하외다 하면서 입궐했다간 귀양 길에 올랐다. 파란만장한 생애였다.

정철鄭澈이 강화江華 적소謫所에 머물던 때였다. 호호탕탕한 성품, 천하의 대문호가 있는 곳에, 시를 읊고 가야금을 타고 노래 잘하는 천하일색 여인이 기다리고 있었다. 진옥眞玉이다. 정말 옥같이 아름다운 기생이었다. 익히 마음 속으로 우러러 뫼시던 정철이 강화섬에서 외로이 계시다는 소문을 듣고, 어느 날 밤 진옥이

송강의 방문을 두드리게 되었다.

비록 반백半白이 된 노송老松이지만, 하늘에서 금방 내려온 절세가인을 보니 황홀한 마음 주체할 수 없었다. 얼이 빠지고 넋을 잃었다. 송강이 즉흥시조 한 수를 읊어서 그 마음을 건네는데, 실로 밝은 낮의 송강과 어둔 밤의 송강이 달라지길 하늘과 땅 차이것다. 요즘 말로 고쳐 써 보건대, 옥玉은 기생 진옥을 비유하고, 철鐵은 정철을 가리킨다고 보면 되겠다.

> 옥을 옥이라 하길래 사람이 만든 가짜 옥燔玉으로만 여겼더니,
> 이제야 자세 보니 반옥이 아니고 참옥眞玉일시 분명하다.
> 나에게 살송곳男根이 있으니 뚫어 볼까 하노라.

영웅호걸이 괜히 호걸영웅인가. 주색에도 남다르다. 송강도 기생 진옥의 명성을 듣고 있었다. 섬사람들이 주절대는 허풍으로 알고 거들떠보지 않았다. 그런데 오늘 밤 만나 보니 옥 중의 옥, 진짜 옥이라는 감탄의 노래다.

앞장에서는 체면을 차리는 양반의 티를 냈는데, 종장에서 얌전한 개 부뚜막에 오르는 격이 된다. 송강은 넋을 잃고 사대부의 체통이고 나발이고 다 팽개쳐버린다. 세상에 쇠로 만든 송곳은 있어도, 살덩이로 만든 송곳은 무엇이며, 살송곳으로 무엇을 뚫겠다는 말인지, 야밤 송강의 본색이 완연하다.

진옥의 화답시는 더 놀랍다. 망측한 영감이라고 무안을 주지 않

는다. 이만한 일에 뾰로통할 여인이 아니다. 노인네 애간장이 다 타
게 되받아 녹이는데, 송강의 즉흥시에 맞춘 대구가 절창이다.

    쇠鐵=澈가 쇠라 하길래 불순한 섭철로만 여겼더니,
    이제 자세 보니 섭철이 아니라 진짜쇠正鐵=鄭澈임에 틀림없구나.
    내게 골풀무女根가 있으니 녹여 볼까 하노라.

  기생 진옥이 요새 여자라면, 주부 백일장에서 장원을 하고도
남는 시인이 될 만하다. 옥은 쇠로, 반옥은 섭철로, 진옥은 정철
로 화답하고 있다. 사나이 부뚜막에 오르는데 계집이 맹숭거릴
수 있는가. 살송곳을 풀무 속에 넣고 녹여 버리겠다고 한술 더 뜬
다. 말하자면, 쇠로 만든 거시기를 옥으로 만든 용광로에 담그겠
다니 기가 찰 노릇이다. 배꼽에 보험을 들지 않고는 웃을 수가 없
다. 동서고금에 이렇게 뜨거운 사랑이 없다.
  정철은 놀란다. 섬에서 웃음이나 파는 한낱 여인이 즉석에서
구구절절 화창和唱하는 시구는 그의 탄성을 자아낸다. 그녀는 정
녕 보기에도 아까운 절세가인이었다. 허나 이 여인에 관한 기록
은 거의 없다. 강화의 명기, 송강의 첩이었다는 간단한 기록이 있
을 뿐이다.
  송강은 환갑 전에 세상을 떠났지만 행복한 장부였다. 삼공을
지내고 만고의 명문을 남기고 천하일색 기녀를 첩으로 거느렸으
니 말이다. 온 세상 못난 남성들이 부러워하는 온갖 영화를 다 누

렸다 하겠다. 부뚜막에 올라도 사람 나름이다. 송강 진옥은 부뚜막이 아니라 우화등선 무지개 위에 올랐다.

〈2006〉

당우唐虞를 어제 본 듯

　기생妓生을 기생이라 하니 무슨 기생으로만 여기는가. 설마하니 요사이 남정네 곁에 앉아 술상 다리 젓가락으로 모질게 패면서, '돌아와요 부산항'을 악쓰며 부르고 웃음이나 파는 꽃이 아니고, 곧 죽어도 어여쁘고 풍류를 두루 갖춘 여인들이었다.
　신분을 따지면 영락없는 천민이지만, 기생이 상대하는 남성은 한량, 선비, 왕후장상王侯將相, 아니 섬기는 데가 없었다. 그러니 노래 잘하고 춤 잘 추고 거문고 잘 퉁기고 이따금 즉흥시를 읊기도 하였다. 우리 문학의 유산은 기녀妓女가 지은 시가가 있어 더욱 풍부해졌다. 얼굴만 반반해도 소갈머리 없는 사내들은 사족을 못 쓰는데, 예쁘지, 거기다가 교양 있지, 시쳇말로 매너가 있어 왕의 총애를 받는 기생이 허다하였다.
　성종조 영흥永興 출신 소춘풍笑春風이 바로 그 명기名妓 중에 명기였다. 대왕이 나라를 호령하였다면 소춘풍은 상감을 손바닥에 올려놓고 있었다. 성종은 궁중 연회를 자주 베풀고 그때마다 이 기생을 부르고 임금의 금 술잔을 문무백관에게 두루 돌리게 하였다. 임금님이 보살펴 주는 판에 소춘풍은 얄얄이바람이 불어서 감히 하지 못할 일이 없었다. 바야흐로 문관과 무관을 방자하게 희롱하고 조롱하기에 이르렀다.

소춘풍이 술잔을 돌리는데 무신을 건너뛰어 문신에게만 연해 따랐다. 무신들은 안주 보고 침만 꼴깍거리는데, 한술 더 떠서 이 기생은 무신을 모멸하는 시조를 능청스럽게 읊는 것이 아닌가.

    당우唐虞(태평시절)를 어제 본 듯 한당송漢唐宋(큰나라들)을 오늘 본 듯,
    통고금通古今(고금을 통해) 달사리達事理(사리에 통달하는)하는 명철사明哲士(명석한 문신)를 마다하고,
    저 설 데 역역히 모르는 무부(무사)를 어이 좇으리.

처음에는 대왕을 추켜세우고 중장에서는 문신을 칭찬하고서 종장에서는 아무 죄 없이 술잔 돌아오기나 기다리는 무신을 마구 멸시하였다. 어느 나라 군대라면 탱크에 시동을 걸 일이다. 상감은 너털웃음일 터이고 문신은 눈웃음일 터이고 무신은 우거지상일시 분명하다. 이 눈치를 챈 소춘풍은 이제는 문신을 조소하리라 마음먹고 잔 들고 무신 앞에 나가서,

전언前言(앞서 부른 노래)은 희지이戱之耳(웃자고 한 말)라 내 말씀 허물 마오.
문무일체文武一體인 줄 나도 잠간 아옵거니,
두어라, 규규무부赳赳武夫(씩씩한 무신)를 아니 좇고 어찌리.

라고 불렀다. 먼저 부른 시조는 농담이라니, 눈웃음치던 문신의 눈썹이 여덟 팔자로 바뀌고, 게다가 문신과 무신이 한결같은 줄 알면서도 용맹스러운 무신을 따르겠다니, 문신들의 미간이 찌푸려지고 눈썹이 곤두서서 내 천川자가 되었다.

술자리를 즐겁게 하는 일이 기생의 소임이지만, 여기도 따르고 저기도 붙겠다니 괘씸하기 짝이 없다. 그러나 일개 여인의 시 한 수로 울다가 웃다가 하는 만조백관滿朝百官도 한심하다.

문신과 무신을 노래하였으니, 이제 간에 붙고 쓸개에 붙는 기녀 자신의 처지를 하소연 해야겠다. 소춘풍의 이 세 번째 노래는 상감과 여러 신하들이 한데 어우러진 웃음판을 만들었다.

제齊나라도 큰 나라요 초楚나라도 또한 큰 나라라.
조그만 등藤나라가 제나라 추나라 사이에 끼였으니,
두어라, 둘 다 좋으니 제도 섬기고 초도 섬기리라.

문무가 다 위대하다. 한갓 여인으로 둘 다 섬기는 처지를 간어

제초間於齊楚라는 중국고사를 끌어다가 노래하였다.

　상감도 웃고 문관도 허리가 꺾어지고, 무관도 배꼽을 잡고 소춘풍도 깔깔대고, 궁정에 서성이던 아랫것들도 박장대소하였다. 소춘풍의 해학·풍자·기지가 가히 천재적이었다. 기지機智는 이지적 웃음이며 악의없는 지적인 언어의 속임수다. 막다른 순간에 문득 나타나는 지혜, 그 지혜에서 웃음을 자아내는 거짓말이 나올 때, 그것은 바로 위트가 된다. 한국인은 이 재치를 잘 부리고 서로 즐겼다.

〈2008〉

미욱한 시골 총각

 언젠가, 서정주 시백이 "우리 시詩가 맛이 없어졌다"고 개탄한 적이 있다. 맛이 간 글을 독자들이 좋아할 리가 없다.
 맛을 내려면 장 치고 초를 쳐야 감칠맛이 난다. 무미건조한 시조 음식에는 무슨 양념을 얹어야 할까? 웃음과 익살의 조미료가 맛을 내는 하나의 요리법이 될 듯하다. 해학·풍자·반어·기지가 반짝거리는 해학적 창작방식이 시조문학을 더 맛있게 할 수 있겠다. 얌전한 시조 작가는 많지만 익살스러운 시조를 읊는 작가는 드물다.

 미욱한 시골 총각
 영화 구경 갔습네.

미인 옷 벗을 제
기차 지나 갔습네.

이튿날 다시 가 봐도
차는 가고 있었네.

— 〈긴 기차〉

　무주 구천동에 모처럼 활동사진이 들어왔다. 밤이 이슥해지자 강변 잔디밭에 흰 포장을 내려뜨리고 활동사진을 돌리기 시작하였다. 화면에 하이칼라 여인이 나타났다. 그 미인이 치마를 막 벗으려는데, 하필이면 기차가 지나가 버렸다.
　한 떠꺼머리총각은 밤이 되면 미녀의 나체를 보려고 육장 영화를 보았다. 설마 오늘 밤에야 기차가 나타나지 않겠지. 그놈의 철마鐵馬는 밤이면 밤마다 그때만 되면 해코지를 하였다. 그 총각은 한이 맺혀서 죽을 때까지 기차를 타지 않았다.

　꼽재기 하나가 있었다. 진주꼽재기도 혀를 차는 지독스런 자린고비였다. 먹는 것도 아까워 굶어 죽을 판이었다. 곡간이 굶는 것이 싫어서 안 먹고 안 입고 안 쓰고 살려고 작정하였다. 아무리 더워도 부챗살이 상할까 봐 부채에 대고 얼굴을 저었다. 옷소매가 닳지 않게 허수아비처럼 양팔을 들고 걸었다. 추운 겨울에도 신

발을 들고 다니다가 행인이나 만나야 얼핏 신고 걷는 시늉을 하
였다. 신을 신었으면 됐지, 버선을 뒷땜에 신겠는가. 이 노랑이는
널 값이 무서워 죽지 못하고 오래오래 살았다.

> 버선을 신지 않고
> 남의 집에 갔다가,
>
> 개에게 발을 물려
> 흐르는 피 닦으며,
>
> 버선을 신었더라면
> 찢어질 뻔 안 했나.

— 〈구두쇠〉

〈긴 기차〉와 〈구두쇠〉는 시조시단의 원로 장순하張諄河의 해학
시조다. 작가는 이처럼 익살스러운 시를 경시조輕時調라 한다. 해
학시조든 경시조든 익살이 대단하다. 시조라면 포은圃隱의 〈단심
가丹心歌〉를 떠올리고 가람의 〈난蘭〉을 생각하는 독자는 조금 놀
랄 것이다. 시조를 지을 때는 목욕재계沐浴齋戒하고 의관衣冠 갖추
고 책상 앞에서 참선參禪하는 도사道士처럼 붓을 드는 시인도 놀
랄 것이다. 얌전을 빼는 시조작품은 흔해빠진 상은 탈는지 모르

지만, 독자에게는 소태나무 씹는 맛이다. 글은 먼저 재미가 있어야 한다. 해학미는 모든 사람이 좋아하는 공통감정이다.

〈2007〉

너 죽고 내가 죽고

  해학은 매부 좋고 누이 좋은 웃음의 합창이다. 그러나 세상이 온통 너 나 없이 웃을 일만 있다면 오죽이나 좋으랴? 세상에는 웃을 일보다 울 일이 더 많다. 인생을 고해苦海라 한다. 만천하에 삿대질을 해대고 욕설을 퍼부을 일이 널려 있다. 산속 골짜기마다 절간이 있고 도시에 십자가가 그렇게 많아도, 이 세상은 해학의 세상이 아니고 풍자의 세상이다. 풍자는 비뚤어진 사람과 세상을 비꼬는 행위다.

  풍자문학은 사회참여문학이다. 풍자의 대상은 벼슬아치와 종교인이 단골이다. 사설시조에 등장하는 스님은 열이면 아홉이 파계승이다. 옛날의 사대부士大夫는 말할 것이 없고 오늘날의 위정자의 짓거리 역시 백년하청百年河淸이다. 백성 손으로 뽑은 대통령이나 국회의원이 몹쓸 짓을 하면, 오천만 동포는 먹은 밥을 삭힐

수가 없다. 소화제 만드는 회사하고 의원나리하고 짜고 치는 고스톱을 한다. 얼마 전 TV에 나와서 의원나리를 꼬아대는 익살꾼이 있었는데 그 우스개의 원산지는 독일이다.

> 국회의원들이 버스를 타고 관광길에 올랐다. 다리를 건너던 차가 그만 난간을 들이받고 떨어져서 모래밭에 곤두박질을 하였다. 지나가던 농부가 삽으로 모래를 퍼서 버스를 묻기 시작하였다. 다리 위에서 구경하던 사람들이 물었다.
> "살아 있는 사람이 없어요?"
> 삽질을 하던 농부가 대답하였다.
> "그렇잖아도 살려달라는 소리가 들리던데, 국회의원들이라 당최 믿을 수가 있어야지요."

비꼬는 웃음이 지나치면 거칠고 사나운 웃음이 된다. 벼슬아치의 주검을 앞에 두고 웃는 웃음은 기가 차서 웃는 웃음이다. 여의도의 둥근 지붕 밑에서 눈만 뜨면 싸움질만 하는 국회의원을 풍자하는 골계시조도 있다.

> 편 갈라 앉고 나면 아양떨다 방귀 뀌고,
> 콩이요 팥이요 하다 장군이면 멍군하고,
> 막판에 주먹다짐에 독설들이 신난다.

― 〈어느 나라 의사당〉

편을 짜서 서로 나랏일을 하려고 다퉈야 옳다. 실속 없이 백성에게 아양을 떨어서는 안 된다. 어젯밤에 밥을 먹었는지 술을 마셨는지 뇌물을 자셨는지 방귀 소리 요란하다. 도둑방귀 뀐 자, 탈이 없고 대포방귀 뀐 자, 다음 날 신문을 대문짝만하게 장식한다. 콩팥을 가릴 줄도 모르면서 장군 멍군 욕설을 퍼붓다가, 마침내 의사당을 싸움판으로 만들어 세계만방에 국위를 선양한다.

    너 죽고 내가 죽고 이판사판 정치판.
    주먹다짐 개판에다 멱살잡이 난장판.
    줄줄이
    죽을 판이다.
    개코 같은 선량판.

― 〈정치판〉

웬 판이 물경 여덟 판이다. 선량選良판이 벌이는 정치판이 살판이 아니라, 이판사판 난장판 개판이고 죽을 판이다. 너 죽고 나 살자가 아니다, 너 죽고 나도 죽는다니 대견하고 선량답다. 멱살 잡고 이판사판 개판이라 할지라도, 백성과 나라를 위하는 선량판이라면 선량들을 견공犬公에 비유했을까. 이 나라가 줄줄이 무너

질지도 모르는 종말을 예단하고 있다. 실로 풍자의 극단을 보여주는 시조다.

〈어느 나라 의사당〉과 〈정치판〉은 시조문단의 대가 유성규柳聖圭의 풍자시조다. 입이 걸기로 알아모시는 유 시백은 거센 감정이 들끓고 풍자의 서술이 퍼런 시조를 쓴 작가로 거의 독보적이라 할 만하다. 한량 시인들이 세상만사 이런들 어떠하며 저런들 어떠하리, 인간지사 일장춘몽이라, 희희喜喜하고 낙락樂樂 웃고 살자 여긴다면, 유 시백은 나라의 기둥이 흔들리고 지구의 종말이 닥쳐오는데, 팔짱을 끼고 굿이나 보고 떡이나 얻어먹을 수 없다고 독야청청하다.

〈2007〉

술 있고 안주 없거들랑

　조선조의 운명이 서산마루에 걸려 있었다. 세상은 어둠에 잠기고 백성은 길을 잃었다. 작은 일을 그르치거나 집안이 거덜난 것이 아니라 나라가 망할 지경이었다. 산천도 흐느끼고 이천만은 땅을 치며 통곡하였다. 온 누리는 울음바다를 이루었다.
　웃음이 있을 수 없었다. 있다면 기막힌 웃음, 허탈한 웃음, 넋나간 웃음뿐이었다. 비꼬는 웃음, 차가운 웃음, 폭로하고 고발하는 웃음이 판을 쳤다. 부드러운 해학의 미소는 사라지고 사나운 풍자의 비웃음이 판을 쳤다.
　국가 존망의 시대에 나타난 풍자 문학은 애국심을 일깨우고 일제를 징벌하는 작품이 대부분이다. 풍자는 사회성을 띠고 정치성이 심하고 교훈성이 강한 웃음이다. 당시의 풍자문학 가운데 시조에 담겨 있는 웃음소리를 들어 보면, 나라는 망했지만 겨레의 얼은 살아서 꿈틀거린다.

    자느냐 조느냐 주중지인舟中之人이 모두 다 자느냐.
    창해 풍파에 키 떠나가고 밑 없는 일시 침몰이 경각에 있다.
    하물며 흉악하다 저 고래는 꼬리치고 입 벌리네.

            — 《대한매일신보》(1908, 이하 현대어로 고침)

  해난海難을 읊은 표면상 의미와 아울러 빗대어 나라 꼴을 고발하는 내면적 풍자의 기법이 기발하다. 고발 대상은 악독한 고래인 일본만이 아니다. 키를 잃고 깊이 모를 바다에 배가 침몰하는 줄도 모르고 싸움질만 하는 뱃사람인 한국인까지 싸잡는다.
  국운國運이 이 지경에 이르렀는데 몽매한 국민을 탓하랴. 나라를 그 꼴로 만든 위정자의 책임이 크고, 더구나 이 땅을 팔아넘긴 매국노의 무리는 지탄받아 마땅하다.

    한잔 한잔 술 권하며 친구 모여 마십시다.
    술 있고 안주 없거들랑 고기 잡아 회쳐 볼까.
    앞 내에 떼 많은 송사리 병어 준치 모두 낚아.

            — 《대한매일신보》(1909)

벗들과 강가에서 술잔을 나누는 풍류의 탈을 벗기면, 종장에는 칼날이 번득인다. 송사리, 병어, 준치를 낚아 술안주로 삼자는 건데, 이 어물의 첫 자를 나열하면, 을사오적乙巳五賊 송병준을 회쳐 먹자는 선언이다. 살기殺氣 서린 글자놀이다.

일본은 원수의 나라. 모자 앞에 수수이삭을 꽂고 표독하게 구는 이등박문은 도적떼의 괴수다. 안중근安重根 의사의 총탄에 자빠진 늙은 여우의 죽음은 경사가 아닐 수 없다.

> 이 등燈을 잡고 흐응 방문을 박차니 흥.
> 산중 도깨비들 줄행랑하노니 흥.
> 어리화 좋다 흐응 경사가 났고나 흥.
>
> ― 《대한매일신보》(1909)

이등박문을 저격한 안 의사의 횃불은 겨레의 앞길을 밝혀서, 왜놈들은 도망치고, 나라에 잔치가 벌어진다. 시의 구절마다 보호색을 입혀서 혹심한 검열을 비껴가기도 했겠는데, 이것은 풍자문학의 속성이기도 하다.

위국 충정이라면 못할 일이 없다. 널리 알려진 시를 모방하거나 개작改作하여 민중을 일깨우고 꾸짖는 일도 풍자 문학의 중요한 역할이다.

이 몸이 죽어죽어 백천만 번 다시 죽어,

백골이 흙이 되고 그 흙이 또 변해도,

못 변하리, 일편단심 맺힌 마음 위국설치爲國雪恥.

— 《대한매일신보》(1910)

 포은 선생의 〈단심가〉를 본떠서 나라 위해 치욕을 씻자고 부르짖는다. 애국하는 일이면 한 목숨이 만 번 죽어도 다시 살아난다.
 천만 번 죽은 백골이 흙이 되어도 변하지 않는 붉은 마음이 있어 조국은 광복을 맞았다. 그러나 두 동강이 난 남북의 동포끼리 사나운 욕설이 오가고 있으니, 쓴웃음으로 점철된 한국 백 년 풍자의 시대는 끝나지 아니하였다.

〈1980〉

불이목不二木의 사연

 너나없이 숨 넘어가게 웃어쌌는데, 충청도 아주머니 하나이 돌부처처럼 있었다. 어찌하야 웃지 않느냐고 물었더니, "집에 가서 이따가 웃지유"라고 대꾸하였다. 모르면 몰라도, 이 여인네야말로 천하에 제일가는 익살꾼이라 할 만하다.

 명승고찰 마곡사麻谷寺는 이 부인이 사는 충청 땅에 자리하고 있다. 신라 보조 대승이 짓고 고려 지눌 국사가 중창한 사찰이다. 섬나라 왜와 싸우던 백범 선생이 잠시 피신한 곳으로 유명하다. 부처를 모시고 스님이 계시는 곳이야 이나저나 엇비슷하지만, 마곡사에 들어가는 길목은 매우 낯설다.

 대개 절 앞에 이르면, 일주문이 두 다리로 서 있고 이내 천왕문이 나타나고 저만치 대웅전이 있다. 이 절은 일주문이 없고 천왕문이나 대웅전이 숨어 있다. 찾아드는 숲길의 오른쪽 계곡 옆으로 절집들이 즐비하다. 절의 뒤통수를 바라보며 도량에 들어선다고들 하는데, 내가 보기엔 절간의 허리를 돌아드는 듯하다. 지옥에 떨어질 각오를 하고 말한다면, 사찰의 엉덩이를 감싸고 걷는 격이다. 내 예감이 맞는 때도 있다.

절의 들머리에 이르러 오른 켠 언덕을 보니, 진짜로 한낮에 하얀 엉덩이를 뽐내는 상수리나무가 서 있다. 그 몸매가 매우 에로틱해서 양반이 보기엔 남의 눈이 두렵다. 그 곡선미는 요새 내로라하는 여성도 주눅이 들 만하고, 그 덩치는 김홍수金興洙 화옹의 나체화에서도 찾아볼 수 없을 만큼 넉넉하다. 놀라움은 한 번으로 끝나지 않는다.

이 풍만한 암나무 뒤에 벌거벗은 수나무가 붙어 서 있다. 말하자면 한 나문가 하고 다시 보니 두 나무요, 한 쌍의 나문가 하고 얼핏 보면 이목동체二木同體다. 수나무는 백제 서동의 다리처럼 우람하고 암나무의 등걸은 신라 선화공주의 볼기짝처럼 풍만하다. 추사秋史는 불이란不二蘭을 치고 절간에는 불이문不二門이 있느니, 이 암수 한몸의 나무를 불이목不二木이라 할 만하다. 벌거숭이 암수 한몸의 나무가 어디 있을 데가 없어서, 양반 고장 충청도 절간 앞에서 버티고 있으니, 이는 필시 인간속세에 색시공 공이색의 가르침을 베풀고 있음인가.

이목二木이 어찌어찌 불이목不二木이 되었는가. 백 리 밖에 백마강白馬江을 굽어보는 부소산扶蘇山에 한 수나무가 있었다. 그는 마곡麻谷의 부처를 극진히 흠모하였다. 마침내 이 나무는 부처를 좇아 몸을 움직이기 비롯하였다. 십 년 걸려 한 뼘을 다가오고 백 년을 두고 열 뼘을 옮겼다. 만년 만에 마침내 마곡에 다다랐다. 지친 몸을 끌고 불전에 막 들어서려는데 세상사 아지 못게라! 이 황홀한 암나무를 보자, 수나무는 여기가 산속인지 냇가인지 부처님 코 앞인지, 땅인지 하늘인지 모르쇠하고 암나무와 한몸이 되었다. 만년 불공이 나무아미타불, 믿거나 말거나, 나만 알고 있는 불이목不二木의 사연이다.

홍진에 묻힌 분네 도량이라 철이 들까. 나는 환갑노인의 체면이고 나발이고 다 팽개치고 사진기를 꺼내, 벗고 있는 나무를 꼬나서 셔타를 누른다. 논산 훈련소 졸병처럼, 서서 쏘는 자세로 찍고 엉거주춤 굽은 자세로 박고 궁둥이 땅에 대고 누르고 엎드려 총 자세로 찍고 앞에서 찍고 뒤에서 찍고, 동서남북 사방팔방에서 손가락 쥐가 날 때까지 찍어댄다. 지나가는 길손 남녀노소 가릴 것 없이 불이목不二木을 감상하다 말고, 사진 찍는 백발노인을 보고 히죽거린다. 천하없어도 밖에서는 웃지 않는 충청도 양반부인도 웃었을 것이다. 감흥이 크면 누구나 시인이 된다. 어설픈 사설시조 한 수를 읊조려 본다.

불이목不二木

양반하고도 상양반 못자리판은 충청도랬지.
그 고장 어느 절 못 미쳐 왼켠 언덕지에 두 나무 한 나무 되어 훤

한 대낮에도 가릴 줄 모르고 하냥 불이목不二木이 있데나. 보셨는가. 그냥 연리지連理枝라 할작지면 그럴싸하거니와 엉덩이 모양새인가 싶자 통통한 무 같기도 하고 이따만한 금산 인삼 뼈다가 닮았는데, 어찌 보면 르느와르의 누드를 뺨친대나. 힐금힐금 킬킬대던 길손이라니.

　그 길손 천왕문을 들어설라치면 까마귀 고기를 먹더라.

〈2005〉

죽장 짚고 유람할 제

4

죽장 짚고 유람할 제
여편네 팔아먹는 계약서라
말을 빼앗긴 만담꾼이라
쇠오줌 말똥도 삼인칭이니라
소성 코메디 황제유사

죽장 짚고 유람할 제
— 김삿갓의 기행

백일장에서 장원을 하였으나, 역적의 후손인 김병연金炳淵(1807-1863)은 벼슬길이 막힌다. 젊은 선비는 여러 날 고주망태가 되어 대성통곡하다가 집을 버린다. 스물이 넘은 가장이 처자를 놓아두고 만고강산 유람할 제가 시작된다.

먼저, 양반의 소중한 갓을 내동댕이치고 우스꽝스러운 삿갓을 눌러쓴다. 세상만사 꼴도 보기 싫다. 죽장竹杖에 삿갓 쓰고 팔도강산 방랑하면서, 술 한 잔에 시 한 수로 사람을 비꼬고 세상을 탄식한다. 바야흐로 김삿갓의 신화가 창조되던 것이다. 인생길이 애초에 토라졌으니 유랑시인의 노래가 곱상할 리가 없다. 그의 〈허언시虛言詩〉에 세상을 바라보는 심상이 적나라하게 나타나 있다. 한맹시대漢盲時代이니 번역시만 보인다.

청산 그림자 안에는 사슴이 알을 품고,
물 흘러가는 소리 가운데 게가 꼬리를 치고,
석양에 돌아가는 스님 상투가 석 자나 되고,
베틀에서 베 짜는 처녀 불알이 한 말이라.

새가 아닌 사슴이 알을 까고, 다리밖에 없는 게가 꼬리를 친다. 상투를 튼 중이 있고, 한 말이나 되는 불알을 덜렁거리는 처녀가 있다. 말이 안 되는 소리로 익살을 부린다. 세상의 천하만물이 엉망진창이다. 이 시는 역설적 표현을 구사하여 당대 사회의 모순과 부조리를 야유하고 고발하고 있다. 허언虛言이 아니라 진언眞言이다. 사나운 풍자시라 하겠다.

김삿갓은 양반과 스님을 짓궂게 조롱하는데, 만일 그네들이 문전 박대하면 사정없이 오기를 부린다. 처음에는 밥이나 빌어먹는 나그네로 능청을 부리다가, 무슨 꼬투리를 만들어 시 짓기 시합을 벌이고, 마침내 양반에게 창피를 주고 또 그것으로 더 융숭한 술대접을 받기도 한다.

삿갓이 강원도 철원 땅을 지나다가 고기 굽는 냄새를 맡고 큰집 사랑에 찾아든다. 가던 날이 장날이라고, 주인어른 환갑잔치로 벅적거린다. 재수 장히 좋다 하고 삿갓은 침이 넘어가는데, 하인들이 우악스럽게 등을 밀쳐대는지라, 글을 지어 어떤 암행어사처럼 손님들 머리 위에 던졌것다.

사람이 사람 집에 왔는데 사람대접을 않는구나.
주인이 사람 대하는 꼴이 사람이라 하기는 틀렸도다.
(人到人家不待人 主人人事難爲人)

주인을 비인非人이라 꾸짖는다. 사람인人자 여섯 번을 되풀이한 인본정신人本精神을 효성스런 자식들이 알아차렸는지, 걸객乞客 앉기를 청하고 술을 권한다. 그리고 수연시壽宴詩 한 수를 청하는데, 때 만난 삿갓은 잔칫상에 재를 뿌리기도 하고, 주인영감을 구름 위에 올려놓기도 한다. 붓을 들어 시 짓기를 시작한다.

저기 앉은 노인은 사람 같지 않고,
(彼坐老人不似人)

사람이 아니라니, 놀란 자식들과 손님들한테 뺨 맞기 십상이라, 삿갓은 얼른 말머리를 돌린다.

하늘에서 내려온 신선인가 하노라.
(凝是天上降神仙)

사람이 아니라 신선이라 추켜올려 놓으니, 잔치마당 여기저기서 탄성이 울려 퍼진다. 삿갓의 심술보가 다시 발동한다. 이

제 아무리 무례한 글을 지어도 노발대발을 삼가게 된다. 다시 붓을 들어,

　이 가운데 일곱 아들은 모두 도적놈들.
　(眼中七子皆爲盜)

이라 꾸짖는다. 좌중이 다시 술렁이기 시작한다. 귀한 아들을 도적떼라 해놓았으니, 봉변을 맞기 전에 수습을 해야 한다. 삿갓이 얼른 붓을 들더니 마지막 시구를 채운다.

　천도복숭아를 훔쳐다가 수연에 바쳤구나.
　(偸得天桃獻壽宴)

　아들놈들이 도둑은 도둑인데 불로장생 천도복숭아를 훔쳐다가 부친에게 바쳤다는 것이다. 순간적 재치로 판단에 혼란을 일으키고, 전혀 예상 못 할 클라이맥스를 이끌어내서 폭소와 감탄을 자아낸다. 시답지 않은 시 한 수 짓고 삿갓은 이 집에서 여러 날 후히 대접을 받고, 새 옷도 얻어 입고 다시 길을 떠난다. 무일푼의 방랑 신세이지만 이게 범상한 걸인이다 보니, 대지팡이는 평양, 송도, 한양, 전주에 자국을 남기고 구월산, 묘향산, 태백산, 금강산을 오르내린다. 하룻밤 지새는 곳마다 웃음판이 벌어지고 시 몇 수를 읊으면, 듣는 이마다 탄성이 절로 나고 웃다가 허리가 거

덜난다.

　방랑 삼천리 길에 시인이 가장 천대받은 땅이 경기도, 저 유명한 쉰밥 사건이 벌어진 송도다.

　　二十樹下三十客　스무나무 밑에 서러운 나그네.
　　四十家中五十食　망할 집에서 쉰밥을 먹는구나.
　　人間豈有七十事　인간 세상에 어찌 이런 일이 있는가.
　　不如歸家三十食　집에 돌아가 설은 밥을 먹으리.

　인구에 회자膾炙하는 김삿갓의 시 〈이십二十 수하樹下〉다. 시인의 기지가 넘치고 천재성이 번득이는 명시다. 다양한 숫자를 넣어서 자기 신세를 한탄하고 있다. 이 시는 정상적인 방법으로는 감상이 불가능하다. 삼십객三十客은 서러운 객, 오십식五十食은 쉰밥, 칠십사七十事는 이런 일로 읽어야 한다. 이십, 삼십, 사십, 오십 숫자를 차례로 넣은 시작법이 놀랍고, 굶기를 밥 먹 듯했을 텐데 밥 식 자는 두 번밖에 쓰지 않는다. 슬픈 사연이 있는 시지만 기발하고 파격적인 시흥에 취하여 코웃음이 쳐진다. 김삿갓 시의 특징은 한시의 파격성이다. 틀에 매인 한시의 격을 부숴버리고 민중의 심성에 호소하는 노래를 부른다. 풍자시가 있는가 하면 해학적인 시도 있다. 그의 〈시시비비가是是非非歌〉는 어떤 시인도 흉내 낼 수 없는 시다.

是是非非非是是 是非非是非非是

是非非是非非 是是非非是是非

 이 시는 28자로 되어 있으나, 是와 非 두 자뿐이다. 두 자를 안다 해도 얼른 이해할 수가 없다. 마애석불 배꼽에서 나온 부적 같기도 하다. 하룻밤을 낑낑대도 별수 없으니, 이응수李應洙(1909~1964)의 번역시를 봐야겠다. 이분은 김삿갓의 시를 모으고, 시인을 연구하는 일로 일평생을 보냈다. 이분이 아니었으면 김삿갓은 한국시문학사에서 잊혀진 시인이 되었을 것이다.

> 옳은 것은 옳다 하고 그른 것을 그르다 함도 이 옳지 않으며,
> 그른 것을 옳다 하고 옳은 것을 그르다고 함이 옳지 않음이 아니다. (옳다는 뜻)
> (도리어) 그른 것을 옳다 하고 옳은 것을 옳다 하고 그른 것을 그르다고 함이 도리어 이 그른 것을 옳다 함이다.

 번역시를 보니, 한글이라 읽을 수는 있으나 무언가 잡힐 듯 말 듯 아리송하기는 마찬가지다. 시是 자와 비非 자는 각각 네 가지 뜻으로 사용되고 있다. 이응수는 사회주의 학자이기 때문에 이런 희작시戱作詩도 색안경을 쓰고 본다. 붕괴해가는 조선조 봉건시대 말기에 이르러, 낡은 사회의 진리는 벌써 진리가 아니고 옳다고 하는 것이 도리어 그른 것이며, 그르다고 하는 것이 옳다는 사

상을 나타낸 작품이라 한다. 이렇다니 그럴싸하다. 그러나 삿갓이 한자 둘을 가지고 요술을 부려서, 자나깨나 시비를 부리는 사람을 향하여 한번 골탕을 먹인 시가 아닐까.

조선시대 선비는 다 시인이다. 시를 잘 지어야 과거를 보고 장원을 하여 출세한다. 150여 년 전 김삿갓의 시대에 이르러 나라의 기틀이 흔들린다. 조선왕조가 망조가 든다. 집권층 자제나 재물을 가진 자가 장원급제한다. 떨려난 시인 묵객들은 어떻게 살았는가. 삿갓처럼 시를 지어서 이웃 사람을 웃기고 세상을 야유하고 울분을 발산하면서 산다. 지금도 김삿갓을 모르는 한국인은 없다. 고금에 익살꾼이 하나 둘이 아니지만, 조선 팔도 한 군데도 빼먹지 않고 웃음보를 터뜨리고 다닌 유랑시인은 김삿갓뿐이다. 당대에도 김삿갓은 조선팔도 백성의 인기시인이다. 오죽하면 함경도 사는 한삼택이는 가짜 김삿갓 행세를 하다 들통이 난다. 남아 있는 김삿갓의 시도 어쩌면 이삿갓, 장삿갓, 최삿갓의 작품이 섞여 있는지도 모를 일이다.

그러나저러나 삿갓이 과거 급제하여 감투를 쓰지 않은 처신이 천만다행이다. 어디 현감이라도 맡아 선정을 베풀었대서 송덕비라도 서 있기보다, 삿갓이 한국의 별난 익살을 풍부하게 남겨 놓은 일이 더욱 값지고 더욱 뜻깊다. 김삿갓은 누구와도 견줄 수 없는 위대한 풍자시인이다.

〈2007〉

여편네 팔아먹는 계약서라
— 김유정의 해학

 사람으로 말할 것 같으면 슬픈 일이 있으면 울고, 즐거운 일이 있으면 웃게 마련이다. 이게 인지상정人之常情이다. 그런데 말씀이야, 너무 슬퍼서 되레 웃음을 짓고 웃어야 할 자리에서 울부짖는 사람이 있다. 바로 우리네 한국인이다. 이 한국인의 웃음의 성정을 이야기한 대표적인 작가가 강원도 감자바위 출신 김유정金裕貞(1908~1937)이다.

 김유정이 한창 소설을 쓰던 1930년대의 조선은 울음의 시대였다. 예나 이제나 고통과 희생은 밑바닥 민초의 몫이었다. 허울 좋은 농자천하지대본農者天下之大本이었다. 유정은 나라 없는 고통의 세월에, 두더지처럼 살던 농민의 눈물을 웃음으로 바꿔 놓았다. 스물아홉 나이에 요절한 작가의 비운, 민족의 수난, 조국의 상실이라는 삼중고三重苦에 시달리면서도 지겨운 세상을 해학의 눈길로 바라보는 일은 쉽지 않다.

유정이 그린 농민의 삶은 생활이 아니고 그저 목숨이 붙어 있는 생존이다. 그들의 가정은 가정이 아니고, 안해는 안해가 아니며 자식은 자식이 아니다. 남정네의 도박 자금을 벌려고 얼굴 빤빤한 여편네는 매춘을 강요당한다. 질그릇 깨지는 목청을 가다듬게 하여 처를 주막에 앉히기도 한다. 여편네를 총각에게 위장 결혼을 시켜서 첫날밤에 혼수를 들고 도망쳐 나오게 하고, 애비는 애들을 열이고 스물이고 낳아서 쌀가마와 바꿀 궁리를 한다. 김유정의 소설에 등장하는 아버지는 가장이 아니고 부친도 아니다. 소설 〈안해〉에 등장하는 이런 애비가 있다.

> 주는 밥이나 얻어먹고 몸 성히 있다가 연해 자식이나 쏟아라. 뭐 많이도 말고 굴때 같은 아들로만 한 열다섯이면 족하지. 가만있자, 한 놈이 일 년에 벼 열 섬씩만 번다면 열다섯 섬이니까, 일백오십 섬, 한 섬에 더도 말고 십 원 한 장씩만 받는다면 죄다 일천오백 원이지.

안해만이 생활의 방편이 아니라 자식들까지도 생존을 위한 수단이 된다. 아들 열다섯을 낳아 일천오백 원을 벌 궁리를 한다. 어이가 없어 웃음도 나오지 않는다. 못난 남편은 안해와 아들이 똑같이 돈덩이로만 보이는 듯, '그런 줄 몰랐더니 이년이 뱃속에 일천오백 원을 지니고 있으니까, 아무렇게 따져도 나보담은 낫지 않은가하고 스스로 감탄하고 대견스러워 한다. 남편은 헛되이 기대에 부풀어 있으나 구경꾼에게는 조소거리밖에 되지 않는다.

아들을 팔아먹는 부모는 부모가 아니고 그 가장도 아니다. 아들을 팔아먹는 판에 안해를 못 팔 리가 없다. 팔아먹기 이골이 나고 보니 눈에 뵈는 게 없다. 일제 식민지시대의 농촌의 참상은 극에 달한다.

단편 〈가을〉에 등장하는 남편 만복이는 이름과는 달리 박복하다. 오곡백과가 풍성한 가을에 살 길이 아득하여 처를 소장수한테 팔아넘긴다. 천하에 죽일 놈은 제 여편네 팔아먹는 놈이다. 굶어 죽기보다 살고 보아야 하겠기에, 이름처럼 잘사는 소 장수 황거풍에게 처를 넘긴다. 온 마을에 수소문하여 지필묵을 빌려 오고, 파는 놈이나 사는 놈이나 까막눈이라, 친구 도움을 받아 거창한 계약서를 쓴다.

매매 계약서

일금 오십 원이라
우금은 내 안해의 대금으로 정히 영수합니다

갑술년 시월 이십일 조만복
황거풍 전

부부 생이별의 애달픈 정황에서, 남편은 희한한 문서를 펼쳐 놓고 기막힌 촌극을 연출하고 있다. 짐승이나 할 짓을 저질러 놓고 남정네는 만사태평하고 여편네 역시 부창부수다. 처를 팔고도 일말의 죄책감이 없다. 우리는 조만복의 얼굴에 침을 뱉으려다가 배꼽을 잡는다. 제 처의 몸값도 정히 영수하고, 갑술년은 무슨 얼어 죽을 갑술년이며, 시월에 처를 팔고 보릿고개에는 자식을 팔 작정이다. 작가는 울음의 현실을 웃음으로 무화無化시키고 정화한다.

한국인의 웃음을 들치면 울음이 숨어 있다. 희비의 감정을 나타내는 '웃다'와 '울다'라는 말의 어원이 같은 뿌리임은 우연한 소산이 아니다. 기가 막혀도 웃고, 너무 기뻐서 울고, 슬퍼도 웃는다. 울음과 웃음을 같이하는 감정은 온갖 고난을 이겨낸 한국인의 생활철학이며 한국 해학의 중요한 특질이기도 하다.

아무렇게나 생겨먹은 녀석이라는 제목을 붙인 소설 〈만무방〉의 농민 응칠이는 고슴도치처럼 진 빚을 갚을 길이 없어, 달밤에 식구를 거느리고 줄행랑을 친다. 돈 떼먹는 일은 몹쓸 짓이며, 도망치는 일은 인간관계의 포기를 의미한다. 우리는 여기서 비극적 상황을 예상한다. 그런데 도주 전야에 응칠 일가의 방구석에서는 희극의 한 마당이 펼쳐진다.

> 하루는 밤이 깊어서 코를 골며 자는 아내를 깨웠다. 밖에 나가 우리의 세간이 몇 개나 되는지 세어 보라 하였다. 벽을 바른 신문지

는 누렇게 그을렸다. 그 위에다 아내가 불러 주는 물목대로 일일이 내려 적었다.

독이 세 개, 호미가 둘, 낫이 하나로부터 밥사발, 젓가락집이 석단까지, 그 담에는 제가 빚을 얻어온 데, 그 사람들의 이름을 쭉 적어 놓았다. 금액은 제각기 아래다 달아 놓고, 그 옆으로는 조금 사이를 떼어 역시 조선문으로 '나의 소유는 이것밖에 없노라. 나는 오십사 원을 갚을 길이 없으매 죄진 몸이라 도망하니, 그대들은 아예 싸울 게 아니고 서로 의논하야 억울치 않도록 분배하야 가기 바라노라.'

유랑 농민의 주제에 '없노라' '바라노라' 투의 성명서를 발표하고 있다. 빛 바랜 신문지 벽에 재산 목록을 적는 남편, 아랫것들에게 타이르듯이 여러 채권자더러 아예 싸우지 말고 의논하여 억울치 않게 분배하라는 낙서를 보고, 우리는 연민의 정을 느끼기보다 폭소가 터져 나온다. 그리고 세 식구가 울타리 밑구멍을 유유히 빠져나가는 슬픈 장면도 오히려 우리들의 미소를 자아낸다.

김유정은 짧은 생애 동안 병마와 싸웠다. 병든 육체의 작가가 독자를 웃기는 글을 썼다. 그가 그린 농촌의 현실은 참담한데, 그것을 묘사하는 작가의 진술은 해학적이었다. 작가 자신에게나 농민에게나 웃음은 울음을 극복하는 삶의 한 방식이었다. 기가 막혀 웃음밖에 나오지 않는 세상이었다. 민초들의 웃음으로 한풀이 속풀이 화풀이를 하였다. 그 웃음이 한국인을 구원한 생활철학이었다.

〈2007〉

말을 빼앗긴 만담꾼이라
― 신불출의 만담

말을 못 하는 사람은 거의 없다. 그러나 말을 잘하는 사람은 매우 드물다. 말솜씨가 청산유수라지만, 물 흐르듯 말하기란 쉬운 일이 아니다. 하물며 세 치 혓바닥 하나로 많은 사람을 웃기고 울리는 일은 더욱 어렵다.

재미있고 익살맞은 말주변으로 뭇 사람의 웃음보를 터뜨리고, 인정 세태를 비꼬는 말광대가 있었다. 이 광대를 요새는 양풍이 불어서 개그맨, 코미디언이라고 하는데, 80여 년 전에는 만담가漫談家라 하였다. 그때 만담가의 인기는 대단하였다. 장안의 극장마다 만담꾼이 판을 쳤다. 유명한 가수, 배우 할 것 없이 말깨나 한다는 만담꾼이 나타나서 저마다 재치를 부렸다. 만담 레코드판은 불티처럼 팔려나갔다. 그 만담 전성시대의 꼭대기에, 천상천하 유아독존 신불출申不出(1905~?)이 있었다.

조선 팔도 제일의 대만담가 신불출! 이 익살꾼은 혀 하나 달고 나와서 온 세상 사람을 멋대로 웃기고 비꼬았다. 감칠맛 나는 말투, 구성진 입담, 능청스러운 넉살이 가히 말의 천재였다. 키는 작았으나 얼굴이 곱상하고 입속에 천하를 머금고 있었다. 신불출은 어리석고 못난 불출이 아니라 신특출이었다. 서울 사람들은 이 만담가 때문에 죽고 못 살았다. 제 아버지 이름은 몰라도 신불출을 모르는 사람은 없었다. 1905년, 개성 서민 출신 불출이 신이 안 날 수 없었다. 그의 내력을 더듬어 보면, 그는 만담가일 뿐 아니라, 시를 읊고 희곡을 짓고 논설을 쓰기도 하였다. 당시의 신문 잡지에 그의 글이 많이 띄는데, 말재간이 번득이는 이런 만문漫文이 있다.

> 남편과 아내의 품위를 다투는 명사로서는 남녀라는 말이 있어, 남자가 먼저 들어가니 남자가 으뜸이라는 둥, 연놈이란 말이 있어 여자가 먼저 들어가니, 여자가 으뜸이라는 둥, 또 부부라고 하는 말이 있어 부夫 자가 먼저 들어가니까, 남편이 제일이라는 둥, 내외라는 말이 있어 내內 자가 먼저 들어가니까 아내가 제일이라는 둥 하죠만, 그런 말은 그게 다 당초에 그 말이 마련된 연유가 있는 것이요, 남녀나 부부라고 하는 말 같은 것은 남존여비 시대에 있어서 생겨진 말일 것이요, 연놈이나 내외란 말은 그게 여존남비에서 생겨진 말일 것이라고 짐작되오.

남녀에 대한 호칭을 가지고 말재주를 부렸다. 남성을 추켜세우다가 어느덧 여성을 끌어올렸다. 남녀 어느 쪽도 편들지 않았다. 말이 안 되는 말로 남녀를 공평히 웃겼다. 이 만문은 세 사람이 익살을 부리는 대화만담을 담은 레코드 〈엉터리〉에도 들어 있다.

만담漫談은 세상만사世上萬事 만인萬人의 만담漫談이었다. 입이 성하고 말재주가 있고 끼가 있으면, 남녀노소 너도나도 만담을 한다고 나섰다. 신불출 만담 레퍼터리는 매우 다양하였다. 〈엉터리 연설〉〈개똥 할머니〉〈헛물이다〉〈대머리〉〈영감님 대가리〉〈백만풍〉〈선술집과 인생〉〈엿줘라 타령〉〈왕서방 연서〉 등이 있는데, 제명만 보아도 웃음이 절로 난다.

웃기지 않으면 만담이 아니다. 불출이 일세를 풍미한 만담 가운데 곁말 만담이 있었다. 바로 말하지 않고 다른 말로 빗대어 하는 말을 곁말이라 하는데, 곁말을 섞어 말재간을 부리면 폭소탄이 터졌다. 유명한 〈개똥 할머니〉의 한 대목은 이러하였다.

청년 : 네, 저 다른 게 아니라요, 사윗감이 되려고 왔어요.
노파 : 그럼 사위는 안 되고, 사윗감만 되려고 왔단 말인가? 내 사위 될 사람은 몸이 튼튼해야 하는데, 에그, 저 몸이 약해서 어데 쓰겠나, 원.
청년 : 천만의 말씀을 하십니다. 이래 봬도 유도가 삼 단이올시다.
노파 : 유도라니? 기름 묻은 칼이 유도油刀요. 내 사위가 되려면 익살맞은 곁말을 잘 쓰면 그만이야.

청년 : 자, 그럼 내 곁말을 한 마디 쓰겠습니다. 제가 신은 이 서양 당나귀가 비록 뚫어졌을 망정.

노파 : 서양 당나귀라니?

청년 : 양말이란 말씀이야요. 양말은 뚫어졌을 망정 백반가루 섞인 분이어요.

노파 : 아니 백반가루 섞인 분은 또 무엇인가?

청년 : 신분이란 말씀이올시다. 모든 것을 다 너그럽게 서양 바다 하시기에 달렸지요.

노파 : 서양 바다라니?

청년 : 양해란 말씀이올시다. 그런데 저 손주 따님은 아직 무연탄 처녀입니까?

노파 : 무연탄 처녀라니?

청년 : 숯처녀냐, 그런 말씀이야요.

노파 : 그야 물론이지, 원. 내 손주 딸년 이름이 개똥이거든.

청년 : 개똥인데 왜 틀려요?

노파 : 속담에 개똥도 약에 쓴다고, 자네 궁하면 내 손주 딸년 팔아먹지 않겠나?

청년 : 원 별말씀을 다하십니다 그려.

노파 : 그렇지만 않으면 안심했네.

〈개똥 할머니〉의 노파역을 신불출이 맡고 청년역은 연극배우 김진문이 해냈다. 주로 한자음을 꼬고 비틀어서 동문서답을 하거나 우문현답식으로 우스갯소리를 엮어나갔다. 청년은 동문東問이고 노파는 서답西答이다. 개똥 할머니는 유도柔道를 유도油刀로 안다. 청년은 양말을 서양 당나귀라고, 양해를 서양 바다라고, 숯처녀를 무연탄 처녀라고, 곁말 솜씨를 발휘하였다. 이런 곁말 우스개는 신불출의 후예인 장소팔張笑八, 고춘자高春子의 만담에 지금껏 남아있다. 곁말 만담은 〈요절 춘향전〉에도 보인다. 이도령과 방자의 대화가 익살스럽다.

이 : 저 건너 오락가락 언듯번듯하는 저게 무어냐?

방 : 소인 눈에는 아무것도 안 보입니다.

이 : 그 이놈아, 눈도 소인 눈과 대인 눈이 다르단 말이냐? 아마 네 눈깔이 얼어붙은 모양인가 보다. 눈을 씻구 봐라.

방 : 눈을 씻지 않고 세탁을 하고 봐도 안 보입니다.

이 : 그럼 요쪽으로 봐라.

방 : 요쪽이 아니라 방석 쪽으로 봐도 안 보입니다.

이 : 그럼 저쪽으로 봐라.

방 : 저쪽 아니라 숟가락 쪽으로 봐도 안 보입니다.

이 : 그 이놈아, 보지도 않고 곁말부터 쓰느냐?

방 : 곁말만 잘 쓰는 줄 아십니까? 농포질도 잘 합니다.

이 : 글쎄, 이놈아, 저 나무 그늘에 솔개같이 뜬 게 그게 안 보인단 말이냐? 원!

방 : 솔개같이 떴으면 그게 아마 비행긴가 봅니다.

이 : 그 무슨 놈의 비행기가 소리가 없단 말이냐?

방 : 소리가 없으면 아마 벙어리 비행긴가 봅니다.

이 : 그 이놈아, 그럼 그게 귀신인가 보다.

방 : 귀신은커녕 요새 흔한 고무신도 아닙니다.

신불출이 이도령이고 연극 배우 성광현이 방자다. 초라니방정을 떠는 방자한테 이도령은 번번히 바보가 된다. 아랫것이 윗것을 골탕먹여야 우스운 법이다.

달이 가고 해가 가도 신불출의 인기는 식을 줄 몰랐다. 신불출과 짝을 지어 만담을 한 광대의 인기도 덩달아 올랐다. 그 만담을 찍은 레코드회사는 떼돈을 벌었다. 그는 흥에 겨워서 이름을 신난다申難多로 고쳤다. 이름 풀이를 해보건대, 들어보면 하는 일마다 신이 나야 하겠지만, 따져보면 앞길이 다사다난多事多難한 팔자가 아닌가. 백 년에 하나가 어려운 재담의 천재도 불길한 예감을 느낀 듯하였다.

신난다가 극장에 나타날 때마다 인산인해, 입장행렬이 광화문에서 종로 3가까지 늘어섰다. 행복의 그늘에 불행이 도사리고 있는 법이다. 신난다는 무대 위에서 신바람이 나면, 못 할말이 없었다. 한번은 연극무대에서 "동방이 밝아오니 잠을 깨고 일터로 나가자."는 대사를 자기 멋대로 바꿔서, "여러분, 동방이 밝아 오니 두 주먹을 불끈 쥐고 대한독립을 위하여 모두 떨쳐 일어나자."고 외쳤다. 객석에서는 박수가 터졌으나, 신난다는 종로경찰서에 끌려가 치도곤을 당하고, 다시는 무대에 서지 않겠다는 각서를 쓰고 풀려났다. 바야흐로, 예감하던 난다難多의 서곡이었다.

조국 광복의 날이 왔다. 불출의 막혔던 말문이 열렸다. 말의 자유세상을 맞은 불출은 어느새 사회주의자가 되어 있었다. 정치만담꾼이 되었다. 다시 신바람 얄야리바람이 불었다. 이승만 박사가 어디서 연설을 하면, 때를 맞춰 좌파에서는 신불출 만담판을 벌여 훼방을 놓았다. 그 북새통에서 세상을 뒤집어 놓은 "태극기 모독 사건"이 벌어졌다. 해방 다음 해 6월 11일, 불출이 명동에 있는 극장에서 큰 만담판을 열었다. 감칠맛 나는 목소리는 녹슬지 않았다.

> 자, 오늘은 태극기 이야기로 한바탕 웃어 볼까요. 태극기 중앙의 붉은 빛은 공산주의이고 파란 빛은 파쇼이며, 그 주변의 팔괘는 소련, 미국, 중국, 영국의 네 나라입니다. 이 국기가 만들어진 때부터 우리 민족은 남북이 갈려서 숙명적으로 네 나라의 신탁통치를 받게 되었습니다.

청중은 어리둥절하고 있는데, 무대에서는 난투극이 벌어졌다. 웃음판이 난장판이 되었다. 관객 속에 끼어 있던 100여 명의 우익 청년들이 "태극기를 모독하는 놈이다."라면서 단상에 뛰어들었다. 미처 피할 사이도 없이, 불출은 만신창이가 되었다. 경찰과 미국 헌병이 출동하여, 연사를 잡아다가 "태평양 미국 육군총사령부 포고령 2

호" 위반죄로 "체형 1년 혹은 벌금 2만 원 형"을 받았다.

친구 도움으로 풀려난 불출은 홍길동이처럼 축지법을 썼는지 어느새 평양에서 입을 놀리고 있었다. 거기서 큰 감투도 많이 쓰고, 6·25전쟁이 나자 서울까지 와서 정치선전만담을 펼쳤다. 불출의 혀끝에 굳은살이 박힐 연세에 이르렀다. 설저유부舌底有斧, 그는 혀 밑에 도끼가 있다는 가르침을 잊은 듯하였다. 그 세상에서도 말을 삼가지 않았다. 팔자 기구한 만담가는 1960년 전후에, 이름 그대로 불출不出의 운명에 묻히고 말았다.

천하명인 만담광대는 여기서도 저기서도 신나게 혓바닥을 놀릴 수가 없었다. 신불출의 인생은 바로 이 나라의 슬픈 코미디라 하겠다.

〈2007〉

(《만담백년사》를 지은 반재식 선생이 신불출 만담 대본을 어렵게 복원하셨다. 깊은 감사를 드린다.)

쇠오줌 말똥도 삼인칭이니라
― 양주동의 골계

나라의 보배를 국보라 한다. 우리나라의 보물급 유형문화재인 국보는 목조건물, 석조물, 서적, 회화, 조각, 공예품 등 300점에 이른다. 이들은 역사적·학술적·예술적 가치가 커서 보물이라 하는데, 사람은 아무리 잘나도 보물이라 하지 않는다. 그런데 사람 보물, 인간국보가 있었다.

살아있던 무애无涯 양주동梁柱東(1903~1977) 선생을 대한민국의 국보라 일컬었다. 경주 남산 석가불이 아니고, 서울 장안 남대문도 아니고, 《훈민정음訓民正音》 원본도 아닌데 말이다. 하나도 이상할 게 없다. 온 국민이 선생을 국보라고 부르고 선생 스스로 국보라고 하는데 누구도 이의를 제기하는 사람이 없었다. 선생은 〈국보國寶의 변辨〉이란 자서전을 쓰기도 하였다. 이 글을 보면, 하루

아침에 국보가 된 게 아니라 여러 단계를 거쳤다.

신동神童으로 태어나 먼저 가보家寶가 되었다. 나이 다섯에 《유합類合》을 떼었다. 조선의 대학자 서거정徐居正이 지은 이 한자교과서를 가르치던 부친은 일본놈과 다투다가 병을 얻어 세상을 떠났다. 편모 슬하에서 《대학大學》을 배웠다. 양친이 《사서四書》는 익힌 듯하다. 신동은 공부뿐 아니라 무엇에나 탁월해서, 나이 일곱에 애기씨를 사귀었다. 그의 수필 〈유년기幼年期〉를 보면 별꼴이 벌어진다.

> 내가 이웃집 김 집강執綱(면장)의 딸, 간난이와 어울려서 늘 마당가에서 소꿉질을 하였다. 간난이가 오줌을 누어 흙을 개 놓으면, 그것을 빚어서 솥·냄비·사발·접시 등을 만들어서 진열해 놓고, 간난이가 모래나 풀잎 따위로 밥을 짓고, 국을 끓이고 반찬을 만드는 시늉을 하였다. 그래 한참 재미나게 살림을 차려놓고 즐기는 판인데, 큰놈이(친구)가 홀연히 어디서 나타나서 대번에 달려들어,
>
> "이거 다 무에냐?"
>
> 하면서 우리들의 솥·냄비 등속을 발길로 차고 문질러서 우리들의 재미나는 '살림'을 모두 망쳐버리곤 하였다.

《사서삼경四書三經》을 읽은 가보 신동이 꼬마아가씨의 오줌으로 흙을 비벼서 살림살이를 장만하였다. 세상을 뒤집어놓은 익살

꾼도 천재라고 하는가. 간난이의 애인은 평생 웃기를 좋아하고, 웃기는 글도 많이 썼는데, 그 익살은 이미 어렸을 적에 만들어진 듯하다.

가보는 자라서 마을의 보배, 촌보村寶가 되었고, 넓은 고을에 이름을 떨친 군보郡寶가 되었다. 신동 촌보의 나의 열 살은 그저 그런 사람의 환갑나이와 맞먹는 춘추였다. 학력이라고 해봤자 보통(초등)학교 중퇴가 전부이고, 부모님한테서 한문을 배웠을 뿐이었다. 오직 혼자서 닥치는 대로 책을 읽어서 동서고금의 학문을 깨쳤다. 동양의 《사서삼경四書三經》, 《제자백가諸子百家》를 독파하고 《삼국지연의三國志演義》, 《문선文選》, 《두시杜詩》를 읽고 외웠다.

뿐이랴, 동방의 천재는 서양학문을 섭렵하기 비롯하였는데, 그의 손에 먼저 잡힌 책은, 선생 없이 혼자서 영어를 통달한다는 《무선생 영어자통無先生英語自通》이었다. 아무리 천재신동이라 하더라도 무불통지 다 알 수는 없는 법이다. 그 책에 있는 '삼인칭'이라는 말은 《논어論語·맹자孟子》에도 없는 단어였다. 생전 처음 보는 낱말, '삼인칭'의 뜻을 알려고 불원천리 눈길을 걸어 선생을 찾아나선 얘기가 그의 수필 〈교단기校壇記〉에 보인다.

> 혹시나 하고 젊은 신임 일인日人 교원에게 시험 삼아 물어보았더니, 그가 아주 싱글벙글하면서 순순히 말뜻을 가르쳐 주지 않는가! 가로되,

"내가 아닌, 네가 아닌 그를 삼인칭이라 하느니라."

아아, 이렇게도 쉬운 말일 줄은! 그때의 나의 미칠 듯한 기쁨이란! 나는 글자대로 그 젊은 선생에게 고두叩頭 사례를 하고 물러 나왔다. 그러나 나오면서 생각하니, 거진 나의 연배인, 항차 일인인 그에게 일대의 한인韓人 귀재鬼才가 이렇게 무식을 드러낸 것이 한편 부끄럽기도 하고 한편 분하기도 하여, 섬돌을 내려오다가 문득 되들어가 선생에게 짐짓 물었다.

"선생이여, 그러면 말똥은 무슨 칭이니까?"

선생이 머리를 긁으며 고개를 오랫동안 기웃거렸다.

"글쎄, 말똥도 인칭일까?"

나는 그날 왕복 40리의 피곤한 몸으로 집에 돌아와, 하도 기뻐서 저녁도 안 먹은 채 밤이 깊도록 책상을 마주 앉아 메모로 적어놓은 삼인칭의 뜻을 독서하였다.

"내가 일인칭, 네가 이인칭, 나와 너밖엔 우수牛溲 마발馬勃(쇠오줌, 말똥)이 다 삼인칭이니라."

《무선생 영어자통》이라는 책제목이 허풍이었다. 널리 학문을 익힌 천재가 선생을 찾아가서야 어려운 문제를 풀었으니 말이다.

이는 타고난 재주가 하나라면 노력이 아홉이라는 실증을 보여주었다. 보나 마나 작은 키에 얼굴이 검은 소년 양주동이 여덟팔자 걸음으로 천 리를 멀다고 여기지 아니하고 선생을 찾아가는 몰골은 가소가관可笑可觀이었을 것이다. 고마워서 코가 땅 닿게

예를 갖췄으면 됐지, 저 유명한 쇠오줌·말똥 사건을 일으켜서 은사에게 앙갚음을 하다니, 실로 아기똥한 늙은 아이였다.

천재가 몰랐던 삼인칭마저 알았으니, 소년 신동은 성균관 대제학이 되어도 모자람이 없었다. 상감의 부름을 받기 앞서, 촌보는 자기 집 사랑방에 사숙私塾(글방)을 차리고 숙장塾長이 되었다. 딴 선생이 있을 리 없고, 숙장 혼자서 국어·영문·산수·지리·역사를 두루 가르치는 무불통지 박물선생 노릇을 하였다.

요새 같으면 사설학원 단속법에 걸렸을 것이다. 숙생들의 수업료는 거절하였으나, 속수束脩(사례금)대신 술 한 병씩을 대령하라 하였다. 떡잎부터 아는 법이다. 서당 훈장은 장차 주태백酒太白이 되었다. 같은 또래 친구들한테 어설픈 글을 가르쳐주고, 술을 빼앗아 먹고 얼굴이 벌건 훈장을 상상해 보면 실로 점입가경漸入佳境이다.

천재 소년의 아잇적 이름은 복룡伏龍이라 하였다. 승천하는 용이 아니라. 웅크리고 앉아서 꿈을 꾸는 용이었다.《삼국지》를 탐독한 복룡은 이보다 두 나라를 늘려서《오국지五國志》를 지을 꿈을 꾸었다. 그러나 이 꿈은 이내 버렸다. 쩨쩨하게 소설小說을 쓸 게 아니라 대설大說을 쓰기로 작정하였다.《팔만대장경》,《사서오경》이 대설 아닌가. 이런 대설이 조선 나라에도 있어야 하였다. 대설을 이름하여, 제 성을 따서 책표지에《양자 제일권梁子第一卷》이라고 내려쓰고 서두에 양자왈 하고서 수백 줄을 썼다. 이 거룩한 경서《양자》는 6·25의 전화를 못 넘기고 없어졌다. 10대 소년이 공맹孔孟의《논어》,《맹자》와 견줄 만한《양자》를 완성했더라면, 성균관의 대성전大成殿에 공맹과 나란히 양자도 모셨을 것이다.

 가보, 촌보, 군보 복룡이 열두 살에 산 너머 마을로 장가를 가게 되었다. 모래밭에서 소꿉장난을 치던 처자가 아니었다. 천재는 잊어먹기도 천재였다. 철없는 꼬마신랑이 아니라, 신랑 양자梁子가 색시를 데리러 가니, 무슨 일이 안 벌어지면 오히려 요상하였다. 헌헌장부軒軒丈夫가 아니라 잔망한 코흘리개 꼬마신랑한테 고운 아기씨를 빼앗길 마을 떠꺼머리총각들은 심통이 나서 신랑을 혼내주려고 벼뤘다. 글깨나 하는 녀석들이 미리 모의하여 신랑과 글짓기 시비를 걸고, 신랑이 응대를 못 하면 초달을 할 판이었다. 신랑이 동네녀석들을 혼낸 얘기를 그의 글 〈나의 문학소년 시대〉에서 자랑하였다.

> 식이 끝나고 사랑에 자리를 정하자, 그 마을 독서 소년배들이 신랑에게 어서 한턱 내놓기를 재촉하는, 기실 '글 싸움'을 도전하는 '단자單子'란 것을 들였것다. 그 글을 받는 대로 신랑이 척척 대구를 제겨내야 무식하다는 '초달'을 면하는 격식이다. 벽두에 그들의 인사에 가로되,
>
> 월출고月出高
>
> "달이 높이 떴다"고 착해錯解해서는 안 된다. 향찰식 훈訓·음독音讀으로 '달 나고(달라고)', 요샛말로 "Give us something to eat and drink"라 함이다. 어린 신랑이 붓을 들어 대구를 제겼으니,

가로되,

　일입어日入於

　물론 이것도 정직히 '해가 들었다'함이 아니오, 역시 그 마을식 향찰로 '날 들어(날더러)', 곧 내가 주인이 아닌데 하필 날더러 달라느냐, "Why should you ask me"란 소리다.(중략)

　마을의 도전자 제군들이 이를 보고 문득 빛을 잃고 혀를 맺아 모두 도망친 것은 물론이다.

이런 귀신 씨나락 까먹는 대화가 몇 차례 왔다갔다하다가 동네 소년학자들은 양자 도령의 깡다구에 놀라서 줄행랑을 치고 말았다. 건넛마을 색시를 데려온 신랑은 그 며칠 후에 어머님을 여의었다. 무애 선생은 자라서 절절하게 어머니를 회상하는 글을 썼다. 선생은 마침내 좁은 황해도 땅의 가보, 촌보, 군보 시대를 마치고, 청운의 뜻을 품고 서울에 입성하였다. 여기서 신식학문을 배우고, 일본 유학을 마치고 귀국하여 마침내 서울의 보배, 경보京寶시대가 열렸다.

경보시절의 무애 선생은 제자를 가르치고 글을 쓰고 책을 짓는 일에 몰두하였다. 신라 향가 25수를 풀이내서 《조선고가연구》를 냈다. 이것은 무애 선생이 아니면 할 수 없는 위업이었다. 70평생에 지은 논집, 문집, 시집, 번역서는 산더미를 이뤘다. 학계의 태두泰斗 양주동 박사를 타칭이든 자칭이든 대한민국의 인간국보라 해도 모자람이 없었다. 양주동 선생은 나이 10대에 서당 훈장이 되었고 스스로 양자라 하였다. 성인이 되어서는 대학자, 대교육자, 대문인이 되어 국보의 왕좌에 앉았다. 양 선생의 인생은 자호自號 무애无涯처럼 끝 간 데가 없었다. 학문이 그러하고 호탕한 웃음이 그러하였다.

선생이 세상을 떠나기 얼마 전에, 차에 부딪혀서 의식을 잃고 병상에 누워있게 되었다. 이내 정신이 들자, 환자는 어부인에게 호통을 폈다. "국보가 죽어 가는데 중계방송을 안 하느냐? 빨리 방송국에 알려라." 무애 옹은 죽음 앞에서도 익살을 부렸다. 선생은 문단과 학계의 보배일 뿐 아니라, 웃음과 재치의 인간 국보 제1호라 아니할 수 없다.

〈2007〉

소성笑聖 코미디 황제유사皇帝遺事
— 이주일의 익살

 단기 4273년, 서기 1940년, 북녘 땅 강원도 고성에 한 사내아이가 탄생하였는데, 정鄭씨 집안의 5대 독자였다.
 단기 4279년, 서기 1946년, 정 도령의 나이 일곱 살이 되자, 남쪽 나라에 있는 아버지를 찾아 어머니와 이별을 하였다. 도련님은 남북을 몰래 오가는 고깃배의 고등어 상자에 숨어 바다를 타고 동해바다 주문진항에 닿았다. 모름지기, 옛날 나라 세운 제왕은 알을 깨고 나오거나, 거북이 등을 타고 나타나듯이, 어린 도련님은 생선 더미를 헤치고 나와 남녘 땅을 밟았다. 이 꼬마가 그 40년 후, 대한민국 코미디 황제가 되었다.
 동서고금 영웅호걸 묻지 마라, 초년고생 온갖 시련 누가 마다하였는가. 정 도령은 커다란 표지판을 등에 붙이고 시가지를 바장이고 다녔다.

"아버지를 찾습니다. 정주일"

천지신명이 보우하사, 아들은 길가의 찐빵장사 아버지와 만났다. 박복한 팔자에 고등학교를 마쳤으니 대단한 학력이다. 진시황은 초등학교 졸업장도 없는데 말이다. 이제 갯가에 나가 고기 상자나 날랐으면, 그럭저럭 양친 부모 공양하고 있지도 않은 형제우애하면서 밥술이나 먹고 살았을 터인데, 정주일은 광대가 되겠다고 이빨을 숫돌에 갈았다.

5대 독자 아드님이 4대 독자 아버님에게, 가문의 허풍선이 정수동, 정만서 할아버지의 유지를 이어서, 정씨 가문의 삼소사三笑士가 되겠다고 아뢰었다. 부친은 자식더러, 장돌뱅이가 되어 집안 망신시키려거든 아예 성을 갈라고 꾸짖었다. 정주일鄭周一이 이주일李朱逸이 되었다. 한자로 볼작시면 성도 이름도 모두 딴 이름이었으나 이름은 한소리였다. 상욕 가운데 하나가 성을 갈 놈인데 성과 이름을 죄다 갈았으니 무슨 일이 일어날 조짐이 보였다. 이씨 문중은 정씨 문중을 문제 삼아 관가에 송사를 내지 아니하였다.

부처님을 찾아 집을 나서면 출가出家이고, 이주일처럼 오란데도 없는데, 길을 헤매고 다니면 가출家出이다. 이 가출 청년은 저자의 약장수 패거리에 끼거나, 여관비도 못 버는 유랑극단을 따라다니기도 하였다. 청소하기, 빨래하기, 단장각하의 구두닦기가 그의 중요한 일이었다. 이때 겪은 춥고 배고팠던 체험은, 훗날 황제가 되어 고아원을 돌보고 경로당을 찾아가는 선정善政의 바탕이 되었다.

　단기 4310년, 서기 1977년, 이주일이 따라다니던 광대패들이 전라도 만경평야 들목에 있는 익산에서 판을 차렸다. 고래古來로 개세지재蓋世之才, 뇌성벽력 지축을 흔들면서 천하에 나타나는 법이다. 익산 기차 정거장에 머물고 있던 화약 실은 기차의 대폭발은 이주일 황제의 등극을 만방에 알리는 천둥소리였다. 무너진 극장 아수라장 속에서, 황제는 졸도한 하춘화河春花 여단장을 들쳐업고 병원으로 내달았다. 진찰을 해보니, 여단장은 멀쩡하고 업고 온 이주일이 중상이었다. 어쨌거나, 그 얼토당토아니한 용맹정진이 대황제가 궁궐에 입성하는 큰 걸음이 되었다.

　이주일은 차츰 TV유리갑 속에 나타나기 시작하였다. 무엇인가 보여 주겠다고 큰소리를 치기에 이르렀다. 운명이 장난을 치지 않는다면, 황제가 되는 일은 다 된 밥이었다. 세상만사 아지못게라, 이때 황제의 수라상에 재를 뿌린 변란이 일어났다.

　단기 4313년, 서기 1980년, 황제보다 열 배나 머리가 벗겨진 진짜 황제 폐하가 '본인은 본인'은 하면서 나타났다. 버릇없이 폐하를 닮은 죄로, 되다 만 황제는 눈을 흘기면서, 어느 날 홀연히 세상에서 사라지게 되었다. 큰 사람은 하늘과 땅이 돕는다. 얼마 있다가, 없는 죄를 개과천선하고 망극한 성은을 입어서 이주일은 사면을 받게 되었다.

　제왕이 되려면, 자신을 숨기고 바보짓을 하면서 때를 기다려야 하는 법이다. 이주일은 〈못나서 죄송합니다〉라는 노래를 부르고,

저 일세를 풍미한 '수지 큐'춤을 추고 오리걸음을 걸었다. 못난 사람이 못났다고 하면 겸손이 아니라 참말이다. 이주일이 잘났다고 하는 사람이 없는데, 자세히 뜯어 보면 더 못났다. 참말이든 거짓이든, 신소리든 흰소리든, 우스개든 익살이든, 이주일의 얼굴만 보아도 오천만 국민의 입이 귀밑까지 찢어졌다. 이주일은 TV, 라디오를 접수하고, 밤무대 낮무대를 점령하고, 마침내 삼천리 전역을 석권하였다. 이리하여, 이주일은 코미디 황제의 금관을 쓰게 되었다.

단기 4325년, 서기 1992년, 면류관을 쓰고 곤룡포를 입은 황제가 할 짓이 없었는지 국회의원이 되어 금배지를 달았다. 황제가 궁궐을 버리고 시정에 나앉으니, 온 백성은 웃다가 지쳐서 소살 笑殺할 지경에 이르렀다. 이주일 의원이 국회에 들어가 보아하니, 코미디 황제의 웃음을 덮어 먹는 대사건이 밤낮으로 벌어졌다. 토끼는 애시당초 토끼풀을 먹어야 한다. 예부터 하늘 아래 둘이 없는 대한민국 국회라 하였다. 금배지를 단 알짜 코미디언들이 차고 넘쳤다. 법을 만드는 나리들이 법을 어기고 의원이 되었으니, 코웃음이나 쳐줄까, 말하면 잔소리다. 여의도 둥근 지붕 밑에서 벌어지는 코미디쇼를 보고, 어린이들은 욕질하고 삿대질하는 법을 배우고, 어른은 나라를 거덜내는 법을 배운다. 황제는 4년 동안 기상천외奇想天外한 웃음거리를 터득하였다. 그 일생에 보지도 듣지도 못한 코미디를 실컷 즐기고 의사당을 물러났다.

단기 4335년, 서기 2002년, 황제의 옥체 병마에 신음하기 두 해가 되었다. 황제는 숨을 몰아쉬고 있는데, 온 세상 100억의 눈과 귀가 서울 월드컵 상암경기장에 쏠리고 있었다. 단군 이래 큰 경사, 월드컵이 한국에서 열렸다. 황제는 앉은뱅이의자를 굴리고 나와, 공차는 구경을 하였다. 황제는 소싯적 돼지 오줌통에 바람을 넣은 공을 차던 축구선수였다. 관중은 대한민국을 외치면서도 마음속으로는 황제의 만수무강을 빌었다. 역사 있은 이래 처음으로 오천만 동포가 하나가 되어, 한국팀이 16강에 들게 해줍소사 하고 하늘에 빌었다. 엉겁결에 한국축구를 4강에 올려놓은 하느님도 너무 기쁘고 너무 흥분해서, 온 겨레의 황제를 살려주시라는 또 하나의 간절한 소원을 잊으셨나 보다.

단기 4335년, 서기 2002년, 8월 27일, 대한민국의 코미디 대황제는 파란만장한 인생의 막을 내렸다. 춘추 61세, 재위 30년. 하늘이 빛을 잃고 땅이 내려앉고, 산천초목이 흐느끼고 억조창생이 대성통곡하였다. 황제는 운명하는 순간에도 백성을 사랑하고 웃음을 남겼다.

"담배를 끊으시오."

유언은 코미디가 아니었다. 만백성은 성냥갑을 버리고 재떨이를 치웠다. 금연열풍이 대단하였다. 담배공장이 문을 닫을 판이었다. 요새 사람들은 황제가 아니라 황제 할아버지의 가르침도 오래 따르지 않는다. 이 나라 백성의 냄비근성은 살아있는 황제도 못 고치고, 지하의 황제는 더 어쩔 수가 없다. 하루 이틀 지나자, 꺼진 담뱃재가 부활하기 시작하였다. 탓할 수 없는 노릇이었다. 코미디 황제가 안 계시니, 무슨 재미로 세상을 살 것이며, 속이 타는데 안 태우고는 견딜 수 없었다.

감자바위 시골사람이 어떻게 제왕이 되었는가? 못생겼기 때문이었다. 어떤 철인은 이주일처럼 못난 천덕꾸러기라야 익살꾼이 될 수 있다고 진작에 예언하였다. 세상에는 잘나고도 못된 사람이 많은데, 이주일은 못나서 잘난 코미디 황제가 되었다. 황제의 커다란 치적은, 못난이도 황제가 될 수 있다는 희망과 긍지를 만백성에게 안겨 준 일이었다.

이주일 코미디 황제는 모든 백성에게 웃음을 주고 즐거움을 준 소성笑聖으로 영원히 추앙받을 것이다.

〈2002〉

[연보]

- 1935년   1월 5일 전라북도 정읍군 칠보면 시산리에서 金俊基와 吳瑤珠의 8남매 중 4남으로 출생
- 1948년   칠보초등학교 졸업
- 1951년   배재중학교 졸업
- 1955년   남성고등학교 졸업
- 1959년   서울대학교 사범대학 국문과 졸업
- 1959년   남성고등학교 국어교사
- 1961년   모범장서가상 수상
- 1970년   배재고등학교 교사
- 1981년   배재대학교 국문학과 교수
- 1984년   단국대학교 국어국문학 전공 박사과정 수료
- 1996년   대전 한밭도서관 운영위원
- 1997년   대전시 문화상 심사위원
- 2001년   배재대학교 교수 정년퇴임, 명예교수 취임

저서

《익살》 (1982, 화동출판사)

《유머 에세이 34장》 (1996, 불이출판사)

《아름다운 틀》 (1996, 불이출판사)

《한국수필의 표정》 (2007, 지식더미출판사)

《한국인의 약살》 (2009, 범우사)
《이 풍진 세상을 살자니》 (2013, 한길사)

김진악

주소: 서울시 강서구 강서로 532(가양동, 동신대아아파트) 108동 901호

전화: 02-2668-9039, 011-9957-9039

현대수필가 100인선 Ⅱ - 01 김진악 수필선
안경잡이 전봇대

초판 인쇄 2014년 12월 30일
초판 발행 2015년 1월 2일

지은이 김진악
펴낸이 서정환
펴낸곳 수필과비평사 · 좋은수필사
주소 서울시 종로구 삼일대로 32길 36(익선동 30-6 운현신화타워 빌딩) 305호
전화 (02) 3675-5633, (063) 275-4000 · 0484 팩스 (063) 274-3131
이메일 sina321@hanmail.net essay321@hanmail.net
출판등록 제 300-2013-133호
인쇄 · 제본 신아출판사

저작권자 ⓒ 2014, 김진악
이 책의 저작권은 저자에게 있습니다. 서면에 의한 저자의 허락없이 내용의
일부를 인용하거나 발췌하는 것을 금합니다.

저자와 협의, 인지는 생략합니다.
잘못된 책은 바꿔 드립니다.

ISBN 979-11-85796-46-8 04810
ISBN 979-11-85796-15-4 (전10권)

값 7,000원

이 도서의 국립중앙도서관 출판시도서목록(CIP)은 서지정보유통지원시스템 홈페이지
(http://seoji.nl.go.kr)와 국가자료공동목록시스템(http://www.nl.go.kr/kolisnet)에서 이용하
실 수 있습니다.(CIP제어번호: 2015000058)

Printed in KOREA